Evelyn Summhammer

Komm doch mal runter

Evelyn Summhammer

KOMM DOCH MAL RUNTER!

Vom souveränen Umgang
mit Ärger, Wut und Aggressionen

GOLDEGG
VERLAG

Bildrechte Autorenfoto: www.severindostal.at
Bildrechte Umschlagfoto: Miloje/shutterstock
Rechte Umschlaggestaltung: Alexandra Schepelmann/donaugrafik.at

Der Verlag und seine Autorin sind für Reaktionen, Hinweise oder Meinungen dankbar. Bitte wenden Sie sich diesbezüglich an verlag@goldegg-verlag.com.

Der Goldegg Verlag achtet bei seinen Büchern und Magazinen auf nachhaltiges Produzieren. Goldegg Bücher sind umweltfreundlich produziert und orientieren sich in Materialien, Herstellungsorten, Arbeitsbedingungen und Produktionsformen an den Bedürfnissen von Gesellschaft und Umwelt.

ISBN: 978-3-99060-101-3

© 2019 Goldegg Verlag GmbH
Friedrichstraße 191 • D-10117 Berlin
Telefon: +49 800 505 43 76-0

Goldegg Verlag GmbH, Österreich
Mommsengasse 4/2 • A-1040 Wien
Telefon: +43 1 505 43 76-0

E-Mail: office@goldegg-verlag.com
www.goldegg-verlag.com

Layout, Satz und Herstellung: Goldegg Verlag GmbH, Wien
Printed in the EU

Inhaltsverzeichnis

Komm doch mal runter! Ärger, Wut und Aggressionen bewältigen

Anhang

Vorwort

- *Habt mich doch alle gern!*
- *Mir stehen die Haare zu Berge!*
- *Die Situation krampft mich!*
- *Die Gemeinheiten werden immer mehr!*

Letzte Woche kam ich von der Arbeit nach Hause und ich spürte sofort, wie müde ich war. Nicht von meinen Leistungen, die ich erbracht hatte, sondern von den Streitereien, die wir in der Kollegengruppe gehabt hatten. Simon ging auf mich los und entwertete mich zutiefst. Ich wusste nicht, was los war. Es war aus meiner Sicht nichts passiert oder anders gelaufen als gewohnt. Ich wendete alle meine Strategien an, um Simons Ärger beizulegen. Er verbiss sich richtig in mich und egal wann und wo er auf mich traf, er ohrfeigte mich mit Worten. Irgendwann ging ich ihm nur noch aus dem Weg und kategorisierte ihn für diesen Tag als *Fiesling*. Am Ende war ich erschöpft, aber zufrieden. Ich hatte niemals auf seine Angriffe mit einem Gegenangriff reagiert. Damit konnte ich sein Verhalten zu einem anderen Zeitpunkt lösungsorientiert ansprechen.

Weshalb mir das gelang? Im Umgang mit Simon hatte ich alle Methoden angewendet, die ich in diesem Buch beschreibe.

Im *ersten Teil des Buches* erzähle ich, woher unsere negativen Gefühle kommen und welchen Wert sie haben. Du wirst darin deine eigenen Motive erkennen, weshalb du oftmals ärgerlich bist oder sogar passiv-aggressiv reagierst.

Im *zweiten Teil des Buches* gebe ich dir konkrete Werkzeuge in die Hand. Bevor du diese anwendest, wirst du immer ein bisschen innehalten und über dich nachdenken. Denn im Nachdenken liegt oftmals bereits deine Lösung.

Dieses Buches hilft dir, wütende aggressive Situationen

zu überstehen, ohne dabei Schaden zu nehmen – und noch besser, ohne dabei selbst ein Widerling zu sein. Sicherlich wirst du dabeu manchmal eine Höchstleistung abliefern, weil Ärger und Wut zu steuern, auch sehr anstrengend sein kann. Aber der Gewinn am Ende des Tages entlohnt dich für all dein Bemühen. Du wirst zufrieden in den Spiegel schauen können und vielleicht mit hochgelegten Füßen zu dir sagen »*Morgen ist wieder ein guter Tag und ich starte ihn zufrieden.*«

Dieses Empfinden beinhaltet eine großartige Lebensqualität, die dich außerdem hervorragend schlafen lässt.

Ab diesem Zeitpunkt bist du *deines eigenes Glückes Schmied* und ich freue mich, dass ich dich ein Stück deines Weges zum Glück begleiten durfte.

Evelyn Summhammer

TEIL I

Was macht uns wütend?

Nie und nimmer! Ich war keineswegs darauf vorbereitet, wie viele neue und verblüffende Erkenntnisse ich erzielen würde, als ich mit den Vorarbeiten zu diesem Buch begann. Als Psychologin und Psychotherapeutin sind mir Empfindungen wie Aggressionen, Wut und Zorn sowohl theoretisch als auch praktisch gut bekannt. Vor allem in meinen ersten Berufsjahren, in denen ich in der Drogentherapie gearbeitet habe, waren Aggressionen in unterschiedlichsten Ausdrucksformen an der Tagesordnung. Denn bei Suchterkrankungen kommen nach einem Entzug so viele aggressive verdrängte Gefühle an die Oberfläche, die gezielte Aufarbeitung im Bewusstsein verlangen. Als Psychotherapeutin in freier Praxis erfahre ich seit Jahrzehnten anhand von Lebensgeschichten, wie wir Menschen Aggressionen, Wut und Ärger oftmals verdrängen, verleugnen oder aber zu intensiv ausleben. Meine Aufgabe als Therapeutin ist es dabei stets, alle negativen Gefühle schrittweise an die Oberfläche zu bringen, zu thematisieren und mit den Klientinnen und Klienten detailliert zu betrachten. Dann ist es möglich, die damit verbundenen Erlebnisse und Wertungen zu strukturieren, zu integrieren und in Lösungsansätze zu verarbeiten. Ein wesentliches Element in der Arbeit mit Gefühlen ist für mich das Tempo des Klienten oder der Klientin. Jeder Mensch hat sein eigenes Tempo, wann und was zugelassen werden kann. Therapie ist für mich immer ein allmähliches Herantasten an das, was im Moment möglich und gut ist, niemals gefühlsmäßige Überforderung

Also dachte ich, heiter drauflos, ich zeige in diesem Buch mit all meinen Erfahrungen auf, dass Aggressionen, Wut oder Zorn doch gar nicht so belastend für uns sein müssen, und wie viele Möglichkeiten wir haben, mit den negativen Gefühlen der anderen und auch den eigenen umzugehen. Doch in der tiefergehenden Beschäftigung wurde plötzlich offensichtlich, wie oft und subtil wir aggressiven Angriffen in unseren Jobs und unseren Alltagen ausgesetzt sind und wie oft wir selbst aggressiv oder passiv-aggressiv angreifen, ohne dass es uns bewusst ist. Diese Erkenntnis, gekoppelt mit der für mich etwas rohen Wahrheit, wie sehr wir uns bereits an Aggressionen, Wut und Zorn im Job und Alltag gewöhnt haben, haben mich sehr berührt.

Ich gehe davon aus, liebe Leserin, lieber Leser, dass du genauso wie ich unvermutete Einblicke und ein erweitertes Bewusstsein zu tagtäglichem Ärger, Wut und zu aggressiven Handlungen erhalten wirst, wenn du dich auf dieses Thema näher einlässt.

Glücklicherweise habe ich im Zuge der Arbeiten zu diesem Thema erkannt, dass ich durch dieses konkrete, für mich anfangs etwas erschreckende, neue Bewusstsein viel feinsinniger und vorsichtiger geworden bin. Ich erkenne jetzt noch rascher bei anderen und auch bei mir erste Aggressions-, Wut- oder Ärgersignale und kann dadurch schneller konstruktiv und schützend eingreifen. Mein neuer erweiterter Schutzschirm mit vielen einfachen, praxistauglichen Tools fühlt sich großartig an, weil ich in Summe letztlich wieder erfahren habe, dass wir Aggressionen gegen Leichtigkeit eintauschen können.

So ist dieses Buch, welches das harte und vielleicht barsche Thema »*Komm doch mal runter von deinen Aggressionen, deiner Wut, deinem Zorn*« behandelt, ein Buch des Seelenfriedens, der Einfachheit und der Leichtigkeit geworden. Ein Buch, das dir zeigt, wie oft wir alle frustriert, ärgerlich und wütend sind, obwohl es gar nicht notwendig wäre. Ein Buch, das dir aufzeigen will, wie negativ berührt wir Menschen in den Momenten sind, in denen wir aufgebracht, wütend oder aggressiv sind und dass dies leicht zu umgehen ist, wenn wir die Mechanismen, die dahinterstehen, erstmal erkennen. Wir können uns sowohl vor eigenen als auch fremden destruktiven Dynamiken schützen und mit unserem psychologischen Schutzschirm vergnügt und heiter durch die Gegend ziehen.

Auf den folgenden Seiten thematisiere ich stets unseren »normalen« Alltag und beschäftige mich nicht mit psychopathischen Veranlagungen und Verhaltensweisen. Dieses Buch ist kein psychologisches Fachbuch für den Umgang mit einer Minderheit, sondern ein Buch, das Bewusstsein schafft, wie ihr euch im Alltag, im Job, in der Partnerschaft zufriedener, entspannter und glücklicher fühlt.

1. Crashkurs Aggression

Jeder von uns hat seine eigenen Vorstellungen, Erfahrungen und Bilder im Kopf, was das Thema Aggression und aggressives Verhalten betrifft. Deshalb kläre ich zuerst die verwendeten Begriffe, um ein gemeinsames Verständnis zu schaffen.

Aggression – Feindseligkeit ist für jeden von uns anders

Woran denkst du, wenn du das Wort »Aggression« hörst? Vielen von uns kommt sofort extremes Verhalten wie körperliche Gewalt, rohe Beschimpfungen oder die aktive Zerstörung einer Person oder Sache in den Sinn. Anderen wiederum fallen als Erstes soziale Angriffe ein wie persönliche Missachtung, Ausgrenzung, Beleidigung, Entwertung oder Rufschädigung.

Wie sofort zu erkennen ist, umfasst der Themenkreis ein sehr breites und auch individuelles Spektrum. Deshalb existiert in der wissenschaftlichen Psychologie keine einheitliche Definition, sondern wir sprechen von Kriterien, die erfüllt sein müssen, wenn wir von Aggressionen sprechen:

»Aggression ist ein Verhalten, das darauf gerichtet ist, andere Individuen gegen deren Willen zu schädigen oder ihnen weh zu tun«, definiert der deutsche Psychologe Hans-Peter Nolting.[1] Das zentrale Element bei aggressivem

Verhalten ist die zielgerichtete Schädigung oder das bewusste Wehtun. Dabei spielt es keine Rolle, ob diese Absicht in ruhigem oder erregtem Zustand ausgeführt wird. Die Zuordnung berücksichtigt auch nicht, welche Art der Emotion diesem Verhalten vorausging. Konkrete Aufarbeitungen, welche Emotionen vorausgingen und dabei waren, sind nur dann bedeutsam, wenn das aggressive Verhalten eine strafrechtlich relevante Tat ist oder aus diesem eine solche folgt. In unserem Alltag und in der psychologischen Definition lassen wir diese Berücksichtigungen aus. Das bedeutet, ob aggressives Verhalten eine Überreaktion war, die auf eine Enttäuschung folgte, ob es aufgrund von Demütigungsgefühlen stattfand oder ob andere negative Empfindungen dahinterstehen, ist letztlich im Alltag für die Gequälten zweitrangig

Wehtun bedeutet im Zusammenhang mit Aggression konkret eine Erweiterung von *Schädigen*. Jemandem wehzutun heißt, dass wir mit unserem Verhalten in anderen Personen unangenehme Gefühle hervorrufen. Dies kann zum Beispiel durch Drohungen erfolgen, die in einer Art und Weise vorgebracht werden, dass die Person, der sie gelten, tatsächlich Angst bekommt. Aber auch in einer Diskussion, in der wir der anderen Person »das Wort im Munde umdrehen«, sodass diese Person »dumm dasteht« oder sich »dumm« fühlt. Es kann auch bedeuten, jemanden so lange zu hänseln, bis diese Person sich klein und minderwertig fühlt oder sich schämt. All diese Beispiele haben zur Folge, dass sich eine Person angeknackst, mies oder herabgesetzt fühlt und damit in negative Emotionen gebracht wird.

Stell dir folgende Situation vor: Du kommst zu spät zu einem Familientreffen und alle anderen haben in dem sehr feinen Restaurant bereits ihr Essen bestellt. Dein Onkel schreit dir, als er dich kommen sieht, von weitem laut zu: »Na, wieder mal nicht aus den Federn gekommen oder musstest du dich vorher noch so lange herausputzen, dass du ansehnlich bist?« Dazu lacht er spöttisch. Obwohl du die provozierende Art deines Onkels schon lange kennst, fühlst du dich in diesem Moment sehr unwohl. Denn seine angreifenden Worte vor Publikum bringen dich sofort in irritierende und negative Emotionen. Dazu kommt, dass du, obwohl du spürst, dass sein Verhalten nicht in Ordnung ist, es nicht eindeutig zuordnen kannst.

Überlege für dich: Kannst du alle *schädigenden* Verhaltensweisen, die du erlebst oder beobachtest, einordnen? Oftmals spüren wir zwar ein unangenehmes Gefühl, können dieses aber leider nicht konkret fassen und bezeichnen und damit auch nicht handhaben. Damit du dein Bewusstsein steigerst, stelle ich dir im Folgenden verschiedene Kategorien schädigenden Verhaltens vor und benenne konkretes negatives Tun:

- Körperliche Verhaltensweisen gegenüber Lebewesen: z.B. Schlagen, Kratzen, Würgen, Erschießen, Vergiften, Zerstören.
- Körperliche Verhaltensweisen gegenüber unbelebten Objekten: z.B. bewusste Verunreinigung, bewusste Vernachlässigung, Zerstörung von Gegenständen.
- Offene verbale Verhaltensweisen: z.B. Anschreien, Beschimpfen, rohe oder vulgäre Wortwahl, Beleidigen, Verspotten, Hetzen, Kränken, Bedrohen, Angreifen, Fluchen, unangemessenes Kritisieren.
- Offene nonverbale Verhaltensweisen: z.B. eine drohende Faust, ein ausgestreckter Mittelfinger, direktes beleidigendes Angähnen, direktes Niederstarren, Nase-Rümpfen und Nasenlöcher-Blähen, eine rausgestreckte Zunge, »Versteinerung« der Gesichtszüge, Augen-Zusammenziehen, feindselige Missachtung.
- Verdeckte Verhaltensweisen: z.B. Fantasien. Etwa wenn wir andere fies beschimpfen und ihnen auf niederträchtige aggressive Art und Weise unsere Meinung sagen.

- Relationale Verhaltensweisen: z.b. die soziale Stellung oder Beziehungen einer Person untergraben, etwa durch heimliche Verleugnung, Ignoranz oder Ausgrenzung.
- Passiv-aggressive Verhaltensweisen: z.b. widerwilliges Verhalten, unterschwellig feindseliges Verhalten, ein Problem bewusst eskalieren lassen, Informationen zurückhalten, absichtlich ineffizient sein, sich absichtlich zurückziehen, Arbeitsunterlagen zerstören, zu spät kommen, boykottieren, falsche Versprechungen machen, jemanden anschweigen, falsche Gerüchte streuen, Ziele sabotieren, manipulieren.

Wie wir hier sehen, ist Aggression nicht nur ein gewalttätiger Angriff, vielmehr ist sie in vielen Bereichen des Lebens allgegenwärtig. Vielleicht spürst du jetzt schon, wie viele wir von diesen Verhaltensweisen in unserem Alltag erleben und auch selbst leben – oft bewusst, oft aber ebenso nebenbei oder unbewusst.

Ich erinnere mich dabei noch so gut an einen meiner ersten Arbeitsplätze. Als junge, hoch engagierte und ehrgeizige Mitarbeiterin wollte ich an einem meiner ersten Arbeitsplätze allen zeigen, was ich auf der Universität gelernt hatte und wie toll doch dieses Wissen auch für andere sein konnte. Aber mein Engagement (das rückblickend sicherlich auch überbordend war) kam nicht an. Ganz im Gegenteil, die Kollegen hatten ihre Routinen in ihrer Arbeit gefunden und wollten nicht von einer Jungen Neues erfahren oder belehrt werden, was es sonst noch so an Ideen und Herangehensweisen zu bestimmten, bereits gut eingearbeiteten Themenbereichen gab. Also gähnten sie mich oft gelangweilt an, wenn ich mit strahlenden Augen mein gelerntes Wissen erzählte. Sie starrten mich nieder und erwiderten nichts. Umgangssprachlich sagt man, sie ließen mich so richtig »anrennen« – und in Wirklichkeit auch »ausbrennen«. Denn nach einem Jahr konsequenten Ignorierens meines Engagements, zum Teil auch des Ausgrenzens bei Teambesprechungen spürte ich, wie stark die Mauer gegen mich und meine Ideen war. Daraufhin reagierte ich als erste Reaktionsweise ebenfalls mit passiv-aggressiven Verhaltensweisen: Ich hielt Informationen zurück, versteckte Arbeitsunterlagen, die sie aufwendig suchen mussten, kritisierte unangemessen und zeigte mich plötzlich sehr zurückgezogen. Doch niemand nahm mich und mein Thema in die Hand und es passierte etwas, was ich niemals für möglich gehalten hatte: Ich verfiel in eine starke Depression. Als ehrgeizige, herzoffene und soziale Persönlichkeit hatte ich mir als Bewältigungsstrategie plötzlich ein Verhalten zugelegt, das mir und meinen Werten nicht entsprach. Ich musste mich jeden Tag geradezu verbiegen, um die direkt-aggressive und passiv-aggressive Botschaft »*Lass uns mit deinen Ideen in Ruhe!*« auszuhalten. Da ich von Grund auf eine offene und impulsive Persönlichkeit bin, die sich Konflikten stellt, passte alles, was da geschah, nicht zu meinem innersten Wesenskern. Und ich musste die Erfahrung machen, dass ich in Depression verfalle, wenn ich mein Wesen mittel- und langfristig unterdrücke oder mich verbiege. Für einen sonnigen, stets positiven Charakter, der in seinem Optimismus kaum zu bremsen ist, war das ein großer Schlag bzw. ein richtig kritisches Lebensereignis. Denn diese feindliche kollektive Aggression, die mich selbst zu destruktiven aggressiven Verhaltensweisen hingerissen hatte, passte überhaupt nicht zu mir und ich hielt diesen Zustand nicht aus.

Meine Depression zeigte mir, dass ich in dieser Umgebung mit meinen Herangehensweisen und Bewältigungsmechanismen nicht glücklich werden würde. Aus heutiger geschulter und erfahrener Sicht weiß ich um die ungünstigen Reaktionen beider Seiten im Umgang mit dem Thema. Heute ist mir klar, ich hätte schon viel früher wachsam mit mir und den anderen sein können und meinen psychologischen Schutzschirm aufspannen müssen. Oder mich von

Anfang an fragen können, ob meine Persönlichkeit in dieses Abteilungssystem und dieses Team passten. Auf der anderen Seite hätte auch meine unmittelbare Vorgesetzte ein klärendes Gespräch mit mir führen können.

Dieses Beispiel zeigt sehr gut, dass es für eingespielte Teams oft nicht leicht ist, mit den neuen Ideen von jungen Menschen klarzukommen, wie es umgekehrt für die Jugend häufig nicht leicht ist, damit klarzukommen, dass viele ältere Menschen nichts verändern wollen. Dabei könnten beide Seiten so sehr voneinander profitieren, wenn sie sich wohlwollend aufeinander einlassen.

Meine nicht gelöste Situation führte schließlich zu einer menschlichen Krise und zu einer Kündigung. Diese habe ich in meinen jungen Jahren mithilfe unzähliger Gespräche mit Freunden und meinem Mut, mich beruflich rasch wieder neu zu orientieren, überwunden. Vor allem die rasche Entscheidung für einen neuen Job, in welchem ich mich von Anfang an sehr gut integriert fühlte und meine fachliche Expertise ausreichend einbringen konnte, ließ meine Depression schwinden. Das ist eine generelle Erfahrung, die ich im Umgang mit Depressionen auch in meiner therapeutischen Praxis gemacht habe: Rasch in ein positives Umfeld einzutauchen und sich positiv einzubringen, hilft enorm. Unsere Umgebung beeinflusst unseren Selbstwert und den Sinn im Leben sehr stark. Dort, wo wir uns gemocht, akzeptiert und als Menschen angenommen fühlen, öffnen wir uns und erleben uns selbst wie auch im Zusammenhang mit Gemeinschaften positiv. Dieses Erleben ist eine unmittelbare Rückkoppelung an unser Befinden. Umgebungen, die uns helfen, wir selbst zu sein und uns offen einbringen zu können, sind aus meiner Sicht die größten Quellen von Freude und Zufriedenheit.

Zum Thema »Unzufriedenheit am Arbeitsplatz« schreibt Robert I. Sutton in seinem Buch »Überleben unter Arschlöchern«, wie gewinnbringend es für Unternehmen ist, wenn Mitarbeiter, die sich in einem Team nicht wohlfühlen, in ein anderes Team versetzt werden. Nachvollziehbar erklärt er, dass oftmals enormes Wissen und Kapital verloren gehen, wenn eingearbeitete hochengagierte Mitarbeiter kündigen, weil sie mit dem unmittelbaren Vorgesetzten und den Teams nicht mehr klarkommen. Weiter belegt er, wie ein Abteilungswechsel Mitarbeiterinnen und Mitarbeiter zu äußerst zufriedenen und produktiven Teammitgliedern machen kann. In manchen Unternehmen brauchen Mitarbeiter einen gewünschten Abteilungswechsel nicht einmal mehr zu begründen. Das Ziel dieser Unternehmen ist, dass Mitarbeitende an einem Ort eingesetzt werden, wo sie ihr Engagement und Potenzial optimal ausleben können und damit erfolgreich für das Unternehmen sind.

Solche Vorgehensweisen sind allseits gewinnbringend: für die Mitarbeiter *und* für die Unternehmen.

Wenn du an nach diesem Kapitel an dein eigenes Leben denkst: Wo überall triffst du auf aggressives Verhalten? Wann und wo bist du selbst aggressiv? Oder wann und wo könnte dein Verhalten als aggressiv ausgelegt werden? Ich bin sicher, du findest dieses in zahlreichen Situationen und bei vielen Menschen, ohne dass es dir vorher in den Sinn gekommen wäre.

Pseudoaggressiv – wie geht das denn?

Bist du pseudoaggressiv? Hat dir schon mal jemand so eine Frage gestellt oder dir diesen Vorwurf gemacht?

Ich gehe davon aus, dass dies noch nicht der Fall gewesen ist, denn Pseudoaggressionen werden in unseren Alltagen sicherlich nicht so betitelt. Es geht dabei um Handlungen, die unter aggressives Verhalten eingeordnet werden, denen allerdings das Ziel fehlt, einen Schaden anzurichten oder jemandem wehzutun.

In meiner beruflichen Praxis zeige ich selbst sogar ab und zu pseudoaggressives Verhalten. Wenn ich in Unternehmen verschiedene firmeninterne Prozesse begleite, habe ich vielfach mit Gruppen von Führungskräften zu tun. Diese Menschen sind alle daran gewöhnt, großteils sehr eigenständig für sich zu bestimmen und ihre eigenen Regeln aufzustellen und zu leben. Als Ergebnis- und Prozessverantwortliche von Gruppen ist es allerdings Teil meines Jobs, dass wir gemeinsam in einer kurzen Zeitspanne die jeweils vereinbarten Ziele erreichen. Dafür brauche ich die völlige Aufmerksamkeit der Führungskräfte und ihren Willen, gemeinsam an einem Strang zu ziehen. Beides, sowohl die Aufmerksamkeit als auch der Wille, ist – zumindest verbal bestätigt – bei den Teilnehmenden stets vorhanden. Dennoch passiert es immer wieder, dass durch eingehende Anrufe oder E-Mails die Zusammenarbeit aktiv unterbrochen wird. Meist mit der Anmerkung, es sei wirklich dringend. Dieses Vorgehen stört natürlich die Aufmerksamkeit und das Zeitmanagement. Wenn solch eine Handhabung zu oft vorkommt, dann tendiere ich dazu, mich mit einem ärgerlichen Tonfall durchzusetzen, indem ich mit lauter, erhobener und auch aggressiver Stimme ein: »*Es reicht! Schluss jetzt damit! Hört auf!*« ausspreche.

Diese in aggressivem Tonfall vorgebrachte, sehr unsanfte Formulierung ist eine klare Unmutsäußerung und jede Person im Raum weiß sofort, worum es mir geht. Mit diesem harschen, lauten Satz will ich niemanden schädigen, kränken oder herabsetzen. Ich will lediglich die vereinbarte Aufmerksamkeit zurück. Deshalb bin ich in dieser Situation pseudoaggressiv. Das bedeutet, ich setze einen aggressiven Tonfall ein, will damit aber nicht schädigen, sondern vereinbarte Ziele erreichen.

Von Pseudoaggression sprechen wir aber auch, wenn wir unbeabsichtigt die Kontrolle über uns verlieren, ohne zielgerichteten Schaden anzurichten. Du stehst zum Beispiel im Supermarkt in der Schlange und weißt, du solltest schon längst zu Hause sein, weil deine Mutter bei Nässe und Kälte vor deiner Haustüre wartet. Der ältere Herr vor dir braucht aber ewig, weil er zuerst seine Geldbörse nicht findet und dann die Kleingeldmünzen umständlich einzeln herauszählt, um schließlich zu merken, dass er doch einen Geldschein benötigt, damit er die Rechnung begleichen kann. Irgendwie tut dir der Herr in seiner ungeschickten Art ja leid, aber deine innere Unruhe reißt dich zu einem aggressiven Tonfall und einem sehr unhöflichen, barschen Satz hin. Du knurrst ihn mit den Worten »*Sagen Sie, was soll das? Glauben Sie, wir haben alle Zeit der Welt?*« an. In dem Moment, in dem du Sätze in dieser Art ausgesprochen hast, tut er dir auch schon leid und du entschuldigst dich dafür, es nicht böse gemeint zu haben, sondern nur ungeduldig zu sein.

In so einem Fall sprechen wir von einer pseudoaggressiven Handlung, weil weder eine schädigende noch eine wehtuende Absicht dabei ist. Der Psychologe Hans Peter Nolting spricht in diesem Zusammenhang von *impulsiven Unmutsäußerungen*[2].

Denke an dieser Stelle an Situationen in deinem Leben, in denen du Sätze impulsiv äußerst, jedoch nicht in der Absicht, jemandem wehzutun, sondern damit sie dir helfen, deine Ziele zu erreichen. Wie reagieren deine Gegenüber? Sind sie verärgert oder erkennen sie sofort pseudoaggressives Verhalten?

Vorsicht Falle! Aggressivität ist nicht Aggression

Schon einmal erlebt? Du gehst abends nach einem illustren, lustigen Abenden mit Freunden zu Fuß nach Hause. An der Kreuzung siehst du eine Gruppe Jugendlicher stehen, die offensichtlich alkoholisiert mit Getränken in der Hand lauthals Macho-Sprüche in die Luft posaunen. Obwohl sie nichts Unpassendes tun, spürst du, wie viel Aggressivität in der Luft liegt. Du schleichst dich leise und unauffällig an ihnen vorbei. Dein Bauchgefühl sagt dir: »Nur nicht provozieren, damit nichts passiert.«

In dieser Situation haben dich deine Instinkte auf vorhandene Aggressivität aufmerksam gemacht. Aggressivität bezeichnet die innere Bereitschaft, aggressives, also streitsüchtiges, feindseliges Verhalten auszuführen. Aggression ist das Angriffsverhalten selbst, das sich in körperlichen oder sprachlichen Angriffen zeigen kann. Aggressivität und Aggression werden in der Alltagsprache häufig als ein und dasselbe bezeichnet. Tatsächlich sind es zwei unterschiedliche Bereiche.

Gemessen wird die Aggressivität daran, wie häufig und intensiv jemand aggressives Verhaltens ausführt. Das Messergebnis gibt Auskunft über einen Teil unserer Persönlichkeit Das bedeutet, wir können aufgrund der gemessenen Aggressivität einer Person in etwa ableiten, wie eine Person in einer bestimmten Umgebung reagiert.

Bei Menschen mit hoher Aggressivität braucht es nicht viel, damit aggressives Verhalten ausgelöst wird. Sehr gut zu beobachten ist das auf den Fußballfeldern bzw. auf den Rängen der Stadien. Dort treffen sich manchmal Menschen mit hoher Aggressivität und nutzen die Spielsituationen, um aggressives Verhalten offen zu zeigen. Dem wird durch Polizeianwesenheit Einhalt geboten. Denn wir können ableiten, dass eine Gruppe an Menschen mit hoher Aggressivität an so einem Platz mit großer Wahrscheinlichkeit aggressives Verhalten zeigt. Im Allgemeinen suchen Personen mit hoher Aggressivität gerne Umgebungen auf, die ihnen Möglichkeiten anbieten, aggressives Verhalten zu zeigen.

Personen mit geringer Aggressivität zeigen selten aggressives Verhalten. Sie benötigen starke und intensive Auslöser, wie äußerst grobes Verhalten oder massive Schädigungen, um selbst aggressives Verhalten an den Tag zu legen. Im Allgemeinen gehen sie Orten oder Personen, die zu Aggressionen führen, aus dem Weg.

Bevor du weiterliest, überdenke kurz: Wie hoch schätzt du deine Aggressivität ein? Bist du gerne an Orten, an denen du deine negativen Gefühle offen zeigen kannst oder diese sogar angeheizt werden oder meidest du lieber solche Situationen?

Weshalb es Menschen gibt, die aggressiver sind als andere, liegt wissenschaftlich gesehen in einer Vielzahl von Faktoren. Einige davon sind: genetische, organisch bedingte, soziologisch bedingte, stammesgeschichtliche und kulturgeschichtlichen Faktoren.

Der Ursprung unserer Aggressivität ist also ein sehr komplexes Thema. Für unseren Alltag ist es wichtig zu berücksichtigen, dass Menschen eine unterschiedliche Bereitschaft zu aggressivem Verhalten mitbringen und dass dafür sowohl innerliche als auch evolutionäre Prägungs- und Umgebungsfaktoren verantwortlich sind. Der amerikanische Klinische Psychologe W. Doyle Gentry hat in seinem Buch »Aggressionen bewältigen für Dummies« einen kleinen Fragetest für den Alltag abgebildet, in dem er vorgibt:

»Wenn diese folgenden Aussagen auf Sie zutreffen, haben Sie eine aggressive Persönlichkeit: Sie sind wettbewerbsorientiert; Sie haben gerne das Sagen; Sie sind ungeduldig; Sie sind angespannt; Sie sind fordernd; Sie nehmen immer alles auf die Hörner; Sie verfolgen Ihre Ziele mit vollem Einsatz«[3].

Als ich diesen Fragetest das erste Mal sah, dachte ich: »*Mutig Herr Gentry, mit so ein paar Sätzen Aggressivität zu attestieren.*« Und als Psychologin möchte ich dazu anmerken, diese Sätze alleine attestieren aus meiner Sicht noch lange keine Diagnose. Ich denke, dass dies auch nicht die Absicht des Autors ist, aber sie sind als Hinweis im Alltag sehr brauchbar. Bei genauerer Betrachtung ein paar meiner alltäglicher Situationen gewann ich immer mehr folgende Sichtweise: »*Genial, wie viel an den paar Aussagen dran ist!*«

Denn ich dachte an jene Personen, die ich immer als aggressiver und damit als »schwieriger« als andere erlebte. Und es fiel mir wie Schuppen von den Augen, denn auf fast alle diese Persönlichkeiten treffen die Aussagen Gentrys zu. Blitzartig wurde mir bewusst, weshalb ich mich in deren Gegenwart immer unwohl und angespannt fühle. In meinem Innersten waren sie bereits kategorisiert mit: »*Vorsicht, wenn du ihnen begegnest!*« Diese *Vorsicht* bedeutet, achtsam darin zu sein, wie ich Dinge formuliere und ausspreche, denn diese Personen reagieren großteils übereilt und übersteigert gereizt bis hin zu wütend, wenn ihnen etwas nicht passt oder sie sich angegriffen fühlen. Aber wie erwähnt, nicht jeder, der die oben genannten Eigenschaften in seiner Persönlichkeit vereint, wie wettbewerbsorientiert, ungeduldig, angespannt, fordernd, dominant, angreifend, muss zwingend eine aggressive Persönlichkeit sein.

Ich erinnere mich in diesem Zusammenhang auch noch so gut an folgendes Erlebnis: Ben, der seit vielen Jahren Teil meines Bekanntenkreises ist, war vor einiger Zeit mit mir und einer kleinen Gruppe von Freunden auf einem Faschingsball. Ben war seit Langem ein Geschäftsmann, der einerseits einen guten Ruf genoss, was seinen Erfolg betraf, andererseits aber dafür bekannt war, mit seinen Mitmenschen nicht zimperlich umzugehen. Wir waren eine kleine, illustre Runde und hatten uns alle witzig, aber sehr hübsch zurechtgemacht. Ben kam mit seiner neuen Flamme Sandra, die an diesem Abend außerordentlich schön aussah. Und weil sie so schön und charmant war, fragte unser Freund Ulrich Ben, ob er mit Sandra ein Foto machen könne, um dieses dann auf Facebook zu posten. Ulrich wollte öffentlich mit dieser schönen Frau gesehen werden. Während Ulrich und Sandra sich fotografierten, hielt Ulrich seine Hand fest um Sandras Taille und wir alle konnten Ulrichs Begeisterung für Sandra erkennen. Aus unser aller Sicht eine harmlose Schwärmerei, nichts Anzügliches, Anstößiges oder gar Übergriffiges.

Das war es aber nicht für Ben und er attackierte Ulrich vor uns allen in lauter, aggressiver Stimme: »*Es ist an der Zeit, dass du die Hand von Sandras Taille lässt und sie auch nie mehr angreifst. Du hast genug gehabt! Geh weg von ihr! Lass Sie!*«

Ben ließ uns alle mit diesem aggressiven Verhalten erstarren. Niemand von uns sah einen Anlass für eine derartige Zurechtweisung, aber in unserem Innersten erkannten wir Ben. Er war wieder einmal aggressiv, für uns alle aus dem Nichts heraus. Wenn ich nun die oben genannten Sätze von W. Doyle Gentry lese, weiß ich, dass Ben aggressiv sein Territorium abstecken musste und uns zeigen wollte, dass er das Sagen hatte und keine Konkurrenz duldete. Eine Summe an Verhaltensweisen, die er sehr oft zeigt.

Die Merkmale, die Gentry für das Erkennen von Aggressivität formuliert hat, sind für mich nun einfach genial, denn sie zeigen viele alltägliche Ansatzpunkte, an denen wir potenziell aggressive Persönlichkeiten erkennen können. Wenn wir unsere Mitmenschen anhand dieser Merkmale aufmerksam beobachten und einschätzen, können wir rasch unsere psychologischen Schutzschirme aufspannen und konstruktiv mit ihnen umgehen.

Aggressive Emotionen sind nicht aggressives Verhalten – Über die Entstehung unserer Emotionen

Stell dir vor, völlig unerwartet sitzt vor dir eine große, dicke Spinne. Alleine ihr Anblick löst bei dir, wie bei den meisten Menschen, Ekel und unmittelbares Herzklopfen aus. Der Grund: Dein Gehirn hat aufgrund evolutionsbiologischer

Prozesse das Wissen gespeichert, dass es gefährliche große, dicke Spinnen gibt. Deshalb bereitet dich dein Herzklopfen neben weiteren physiologisch-chemischen Prozessen, die du bewusst meist nicht wahrnimmst, auf das Überleben vor. Dein Körper aktiviert automatisch Flucht- oder Kampf-Verhaltensweisen. Jetzt passiert Folgendes: Zusätzlich zu deinen körperlichen Veränderungen und der Aktivierung deiner Verhaltensweisen kommt noch deine Bewertung ins Spiel. Diese entscheidet darüber, wie du mit der Situation umgehst. Deine Entscheidung fällst du aufgrund deiner Vorerfahrungen mit Spinnen, deinem Wissen über den Umgang mit diesen Tieren, deinen momentan vorhandenen Ressourcen (ob dir z.B. Hilfsmittel zum Einfangen der Spinne zur Verfügung stehen), deiner Kompetenzzuschreibung (was du dir heute oder im Allgemeinen zutraust) und natürlich deiner Ziele.

Je nachdem, wie du die Situation bewertest, steuerst du deine weiteren Empfindungen und Handlungen. Vielleicht gehst du aus dem Raum und flüchtest, weil du das Wissen hast, dass die Spinne dich nicht anspringt oder dich einholt, wenn du weggehst. Vielleicht erstarrst du aber vor Angst und Schreck, weil du vor ein paar Tagen gehört hast, dass solche Spinnen bei Bewegung angreifen. Oder du suchst nach einem Gegenstand, mit dem du die Spinne erschlagen willst, weil du dieses Tier nicht wieder antreffen möchtest und es deshalb erlegen willst. Zudem hast du das Wissen, dass diese Tiere einfach zu töten sind. Oder du erstarrst, weil du überhaupt keine Idee dazu hast, wie du dich jetzt verhalten sollst. Eventuell erkennst du plötzlich unerwartet, dass es sich bei dem Tier nur um ein Gummitier handelt. In diesem Fall bewertet dein Organismus und dein Bewertungssystem die Situation sofort als harmlos. Der Körper entspannt sich unmittelbar und du fühlst dich erleichtert. Du nimmst das Tier in die Hand und lachst. Dieses Beispiel zeigt deutlich: Durch die Bewertung unserer Wahrnehmung beeinflussen wir unsere Emotionen und damit das darauffolgende Verhalten.

In unserem allgemeinen Sprachgebrauch drücken wir diese Enstehungsgeschichte von Emotionen und infolge die Entstehung von spezifischem Verhalten nicht aus. Und so verwenden wir das Wort *Aggression* nicht nur als Bezeichnung für eine Verhaltensweise, sondern oftmals auch für unsere aktuellen negativen Emotionen. Das ist allerdings nicht korrekt, denn Emotionen sind niemals Verhaltensweisen, maximal Auslöser für Verhaltensweisen. Wie wir in dem Spinnenbeispiel gesehen haben, erschlage ich die Spinne nur, wenn ich sie als negativ und unliebsam bewerte und die Spinne nicht mehr lebend haben will.

Emotionen haben in unserem Leben eine sehr bedeutende Funktion. Ihnen obliegt die Aufgabe, unseren Organismus darauf vorzubereiten, mit seiner Umwelt bestmöglich zusammenzuarbeiten, unser Überleben zu sichern und unsere Vermehrung zu fördern.

Konkrete Auslöser für Emotionen sind stets innere oder äußere Gegebenheiten, zum Beispiel Gedanken oder Wahrnehmungen. Obwohl viele an unseren Emotionen beteiligte Prozesse unbewusst und sehr rasch ablaufen, gibt es neben der unbewussten Beteiligung auch immer eine bewusste Verarbeitung. Diese kommt durch unsere Bewertung zustande. Einfach gesagt, handelt es sich bei der Entstehung von Emotionen um komplexe mehrstufige Prozesse. Ein wichtiger Teil dieser Prozesse ist dabei unsere Bewertung.

Ein Operationspfleger, der langjähriger Spezialist in einem Fachgebiet war und als sehr erfahren und geschätzt galt, erzählte beispielsweise in einem meiner Seminare. *»Wenn ich früher den Chirurgen erblickte, der mich fast einmal den Job gekostet hätte, dann erhöhte sich aufgrund meiner Bewertung dieser Person mein Stressniveau sehr massiv und ich neigte zu aggressivem Verhalten.«* Wie aus diesem Satz ersichtlich ist, war der Pfleger bereits geschult darin, verschiedene Aspekte, die sich in einer Situation zeigen, zu differenzieren:

- Wahrnehmung,
- Bewertung,
- Stressniveau,
- aggressives Verhalten.

Der Grund für den Konflikt zwischen dem Operationspfleger und dem Chirurgen war eine intensive persönliche Auseinandersetzung. An einem ihrer gemeinsamen Operationstage waren unerwartet um ein Vielfaches mehr an Operationen durchzuführen gewesen als geplant. Sie hatten an diesem Tag bereits lange Zeit gemeinsam am OP-Tisch gestanden und mussten einige unerwartete Notfälle und plötzlich auftretende Komplikationen meistern. Beide waren müde und bereits gereizt. Bei der letzten Operation des Tages spürte der Pfleger schon, dass das Stress- und Aggressionsniveau des Chirurgen aus dem Rahmen geriet, denn er begann bereits wegen Kleinigkeiten aggressiv zu reagieren. Nichts passte ihm mehr, obwohl es keinen offensichtlichen Grund für die Beanstandungen gab. Aber der Chirurg war übermüdet und da er sich trotz seiner Erschöpfung noch konzentrieren und hart arbeiten musste, reagierte er mit massiv unangenehm aggressivem Verhalten. Er wurde unfair und fies, kränkte und beleidigte das Personal auf das Tiefste. Er schrie und putzte andere herunter. Sätze wie »*Ihr Nichtsnutze, was macht ihr nicht schneller, wenn es notwendig ist?*« »*Habt Ihr das überhaupt schon mal richtig gemacht? Bin ich hier nur von Losern umzingelt? Analphabeten können mehr als ihr!*« fielen. Das Personal kannte sein überaus peinigendes und quälendes Verhalten in Stresssituationen bereits aus früheren Erfahrungen und schwieg. Der Pfleger, der ebenfalls bereits übermüdet und auf einem hohen Stressniveau war, reagierte aber dann plötzlich feindselig. Denn er bewertete in seinem Innersten das Verhalten des Chirurgen nicht mehr als situationsspezifisch, sondern als allgemeines »Arschloch-Verhalten« und als »toxisches Verhalten«. Durch diese

Bewertung stieg sein eigenes Anspannungsniveau noch mehr an. Diese Bewertung ließ infolge eine Menge an weiteren negativen inneren Kommentaren in ihm ablaufen und Gefühle von Ärger, Wut und Zorn steigerten sich in ihm immer mehr.

Ein derart innerlich aufschaukelnder Prozess dauert üblicherweise nur wenige Sekunden, aber diese kurze Zeitspanne kann über unseren Job, über unsere Freundschaften, über unsere Partnerschaften entscheiden. Und so war es in diesem Fall. Der Pfleger hatte einen ersten falschen Gedanken, nämlich den »Arschloch-Toxischen«-Gedanken und dieser trieb ihn in eine negative Wertungsspirale mit negativen Emotionen und dazugehörigen psycho-physiologischen Reaktionen, aus denen er es in dieser Ausnahmesituation nicht mehr schaffte, kontrolliert oder souverän herauszukommen. Umgangssprachlich sagt man: »*Er schaukelte sich so richtig in die Sackgasse.*« In seinen intensiv negativen und als bedrohlich eingestuften Emotionen von Ärger, Wut, Zorn und Groll sagte er: »*Wenn Sie mich noch einmal blöd ansprechen, nehme ich Ihnen Ihr Werkzeug weg und hacke Ihnen Ihre Finger ab!*«

Ab diesem Zeitpunkt war es ruhig im Saal. Der Chirurg war erfahren und fokussiert genug, um dieser Aussage in diesem Moment keine Aufmerksamkeit zu schenken und operierte ohne Antwort zu Ende. Danach ging er zu dem OP-Pfleger und sagte: »*Das wird Konsequenzen haben!*« So war es auch. Bei Antritt seines nächsten Dienstes musste der OP-Pfleger in die Personalabteilung und es wurde über seine Kündigung gesprochen, weil er Grenzen überschritten hatte. Da er aber für das Krankenhaus eine große fachliche Bedeutung hatte, wurde ihm eine Möglichkeit der Wiedergutmachung eingeräumt. Er musste, wie immer er es auch anstellte, ein konstruktives gutes Verhältnis mit dem Chirurgen aufbauen. Der OP-Pfleger, der einen großen Stolz in sich trug, dachte lange darüber nach, ob er einlenken sollte, aber letztlich wollte er seinen Job behalten. Also holte er sich Unterstützung mittels Coachings, um sein eigenes Bewertungssystem und Ärger-Management zu hinterfragen und neue Möglichkeiten der Wertung und damit zu einer Zusammenarbeit mit dem Chirurgen zu finden. Unabhängig davon wurde auch der Chirurg von der Personalabteilung angehalten, seine Reaktionsmuster in Stresssituationen zu verbessern und vor allem wurde ihm nahegelegt, dass das Bewältigen von Stress niemals mehr in Demütigen, Peinigen oder Herabsetzen von Personal enden dürfe.

Was dieses Beispiel gut zeigt, ist, dass wir oftmals durch massive innere Stress-Anspannungen und unsere negative Bewertungen in eskalierende Emotionen und daraufolgend in aggressive Verhaltensweisen bis hin zu verteidigender Vernichtung verfallen. Manchmal fühlen wir uns einfach so mies in schwierigen Situationen, dass wir gerne grausame Geschütze auffahren oder sogar unseren Job kündigen.

Das ist mir persönlich auch schon passiert, in einer für mich sehr irritierenden Situation mit einem unserer Nachbarn. Wir hatten seit Jahren einen großen Hund, einen Hovawart namens Elino. Er war innerhalb des Hauses und unseres Gartens ein absolut gutmütiger, liebevoller und einfach zu handhabender Hund. Einzig außerhalb seines eigenen Reviers konnte er zum aggressiven Wüterich werden. Als Rüde legte er anderen Rüden gegenüber ein immenses Imponiergehabe bis hin zu aktiven Drohgebärden an den Tag. Elino wollte stets seinen Rang und sein Revier abstecken und sah sich als Überlegenen, was er auch mit seinem Verhalten demonstrierte. Nun passierte in unserer Nachbarschaft etwas Unvorhersehbares: Ein neuer Hund zog ein. Ein mittelgroßer brauner Hund – und zu unserem Leidwesen ein Rüde. Er marschierte wie unser Elino durch die Spazierwege und trug offensichtlich eine Botschaft vor sich her: »*Hier bin ich der Boss!*« Also trafen wir mit unseren Nachbarn die

Verabredung, dass wir außerhalb der Gartenzäune in unserem Siedlungsgebiet die Hunde anleinen wollten.

Wie das Leben so spielt: Unsere Nachbarn, die sich immer sehr distanziert zeigten, hielten sich trotz mehrfacher Abmachungen nicht an ihre Versprechen. Deshalb kam es immer wieder zu eskalierenden Situationen mit den Hunden. Als ich den nicht angeleinten Nachbarshund wieder einmal mit unserem Elino antraf, war ich so enttäuscht, dass ich sofort in wütende und aufgebrachte Emotionen fiel. Am liebsten hätte ich die Nachbarin richtig bösartig und niederträchtig angeschrien und behandelt. Ich war aufgrund meiner Enttäuschung so voller Wut und Zorn, dass meine ganze Körperhaltung auf Vernichtung programmiert war. Ein Zustand, der mich selbst in seiner Intensität überrascht hatte, aber letztlich erkannte ich: Niemand ist davor gefeit, grausam zu werden, wenn die Bedrohung hoch genug eingeschätzt wird.

Zum Glück war mein Partner anwesend und half mir, meine negativen Energien zielführend zu steuern. Er meinte, er werde abends zu den Nachbarn gehen und ihnen in Ruhe nochmals mitteilen, welche Verantwortung sie für uns alle tragen, wenn die Hunde aneinandergeraten. Dies war wohl der bessere Weg, als mein wutentbrannter vernichtender es gewesen wäre.

Negative Emotionen haben allerdings nicht immer negatives oder aggressives Verhalten zur Folge. Aggressives Verhalten kann mitunter Ergebnis von vielen anderen Auslösern sein, wie wir noch sehen werden. Und negative Emotionen haben auch ihre positiven Seiten. Unsere negativen Emotionen mobilisieren mitunter zielführende Energien und damit oftmals die notwendige Kommunikation zu einer Zielerreichung. Sie geben uns auch Mut und Selbstbewusstsein, Situationen anzupacken, die wir sonst nicht angreifen würden. Wenn Wut und Ärger in konstruktive Maßnahmen gelenkt werden, sind diese sehr gewinnbringend, wie ich im Kapitel »Hurra, es gibt sie: die glänzende, positive und gewinnbringende Seite der Aggression« noch ausführlicher thematisiere.

Wie geht es dir liebe Leserin, lieber Leser, mit negativen Emotionen? Führen diese immer in negatives, aggressives Verhalten oder kontrollierst du dein Verhalten und löst deine negativen Emotionen auf anderen Wegen auf? Oder bewertest du Situationen nicht als so bedrohlich, sodass du kaum in negative Emotionen kommst?

2. Das ist ja unglaublich! In Hülle und Fülle Motive für Ärger, Wut oder Zorn

»*Ich verstehe nicht, weshalb du dich so aufregst, das ist doch alles gar nicht so schlimm!*« Kennst du diese Situation? Du platzt vor Wut, deine Atmung stockt und dein Blut drängt sich aus den Adern vor lauter Aufregung, während dein Partner dich lächelnd anschaut und lapidar kundtut, dass er nicht versteht, warum du dich ärgerst.

Es gibt unzählig viele und unterschiedlichste Anlässe für unseren Ärger oder unsere Wut. Manche Anlässe sind für eine Mehrzahl von uns Ärgerauslöser, manche Anlässe sind so individuell, wie wir Menschen es sind.

In meinen vielen Gesprächen zum Thema konnte ich Gemeinsamkeiten herausfinden. Viele von uns reagieren auf folgende Situationen wütend oder ärgerlich:

- bei kurzen, intensiven Begegnungen mit unhöflichen und respektlosen Persönlichkeiten *(Respektlosigkeit)*,
- Auffahren oder Mittelfinger zeigen im Straßenverkehr *(Angriff auf die eigene Persönlichkeit)*,
- zu lange im Stau stehen *(Frustration)*,
- wenn wir durch ein Hierarchieverhältnis ausgenützt werden *(Ungerechtigkeit)*,
- wenn getrödelt wird, obwohl alle den Zeitplan kennen *(Enttäuschung)*,

- stundenlange Meetings, in denen es zu keinen Ergebnissen kommt *(Stress)*,
- wenn wir Ja sagen, obwohl wir eigentlich Nein meinen und dann dafür ausgenützt werden *(Ausnutzung unserer Gutmütigkeit)*,
- wenn wir in der Öffentlichkeit kritisiert oder angegriffen werden *(Belästigung und Stress)*,
- wenn wir uns ungerecht behandelt fühlen *(maßlose Enttäuschung)*,
- wenn wir das Gefühl haben, dass uns zu wenig Respekt und Wertschätzung entgegengebracht wird *(Enttäuschung)*,
- wenn wir uns ignoriert fühlen *(Kränkung und Frustration)*,
- Menschen, die immer nur über sich selbst reden *(Missachtung)*,
- wenn wir etwas verlieren, das uns wichtig ist *(Überforderung)*.

Diese Liste erhebt keinen Anspruch auf Vollständigkeit, sondern dient als Beispielsammlung für alltägliche Ärgerquellen.

Vorsicht Denkfalle! Von normal bis toxisch

Trägst du gesunden oder toxischen Ärger in dir? Für deine Gesundheit und Lebensqualität ist es sinnvoll, über diese Frage nachzudenken und sich dem Ergebnis zu stellen.

Denn dein Ausmaß an Ärger und die Intensität deines Ärgers entscheiden zum einen, ob dieser noch im gesunden und normalen Bereich liegt, zum anderen, ob dein Ärger bereits zum Problem für dich und deine Umgebung geworden ist.

Eine kurze Nachdenkübung, die sich an dem Buch »Aggressionen für Dummies« orientiert,[4] hilft dir, die Frage zu klären. Achte bevor du antwortest darauf, Situationen, in denen du eine feindselige Haltung einnimmst, von Situationen zu unterscheiden, in denen du ärgerlich, wütend oder zornig bist. Eine feindselige Haltung wird als Misstrauen, Ablehnung, Abneigung oder als Hass bezeichnet und ist nicht als Ärger, Wut und Zorn zu verstehen.

Jetzt denke in Ruhe an deine letzten drei bis vier Monate. Greife eine typische Woche heraus und überlege:
- Wie oft warst du genervt, wütend oder verärgert?
  Denke dabei nicht nur an Momente mit massivem Ärger, sondern beziehe bei dieser Übung auch jeden noch so kleinen Anflug an Ärger mit ein.
  A. Überhaupt nicht
  B. Ein- oder zweimal in der Woche
  C. Drei- bis fünfmal in der Woche
  D. Ein- oder zweimal am Tag
  E. Dreimal am Tag
  F. Vier- oder fünfmal am Tag
  G. Sechs- bis zehnmal am Tag
  H. Öfter als zehnmal am Tag

Auswertung:
Antworten von A bis C: Dein Ärger bewegt sich in normalem, gesunden Rahmen. Hier wird auch von augenblicklichem Ärger gesprochen.

Antworten von D bis H: Du gehörst mit großer Wahrscheinlichkeit zu den Menschen, die sich übertrieben oft ärgern. Hier wird bereits von chronischem Ärger gesprochen, welcher sich grundsätzlich als problematisch erweist.

Jetzt überlege bitte, wie intensiv du deinen Ärger durchschnittlich einstufst. Natürlich variieren dein Ärger und deine

Wut situationsspezifisch, aber im Allgemeinen pendeln wir uns auf eine Gewohnheit ein. Anbei eine Einstufungsskala:

1   2   3   4   5   6   7   8   9   10

schwach   *extrem*

Ergebnis:
1 bis 3: Dein allgemeiner Ärger kann als Reizbarkeit eingestuft werden.

4 bis 6: Dein allgemeiner Ärger bewegt sich im normalen, gesunden Rahmen.

7 bis 10: Dein allgemeiner Ärger kann bereits als Wut eingestuft werden und weist auf ein problematisches Ausmaß hin.

Als unproblematisch werden augenblickliche Reizbarkeit, augenblicklicher Ärger, augenblickliche Wut und sogar die chronische Reizbarkeit in der Regel eingestuft.

Als »toxisch« werden chronischer Ärger und chronische Wut eingestuft. Menschen mit chronischem Ärger sind mindestens einmal am Tag in einer Intensität von Stufe 4 bis 6 verärgert. Chronisch wütende Menschen sind mindestens einmal am Tag in einer Intensität von 7 bis 10 wütend. Diese Wut wird oftmals wie ein Vulkanausbruch erlebt und dieser vergiftet sowohl das eigene Leben als auch das der Umgebung.

Männlich »toxisch« oder Zickenkrieg?

Wer glaubst du ärgert sich mehr oder schneller – Männer oder Frauen? Die Mehrzahl der Studien verweist darauf, dass Männer und Frauen Ärger zwar gleich oft erleben, Männer zeigen im Hinblick auf verbalen Ärger allerdings tendenziell andere und teilweise offensichtlich intensivere Verhaltensweisen als Frauen und zwar in allen Altersstufen.

Laut dem deutschen Psychologen Hans-Peter Nolting werden heranwachsende Jungen und Mädchen kulturspezifisch in unterschiedlichen Rollenbildern geprägt. Aggressivität wird bei jungen Männern aufgrund der Frühgeschichte der Menschheit meist nach wie vor als attraktiv gewertet. Denn aggressives Verhalten hatte lange Epochen hindurch die Chancen erhöht, Frauen zu erobern und die maskulinen Gene weiterzugeben. Zusätzlich haben Männer mit ihrem energischen, durchsetzungsstarken Verhalten ihren Familien Erfolge und Reichtum eingebracht.

Auch heute gilt eingesetzte Aggression als positiv, wenn sie zur Erreichung von Gütern, Status und Macht eingesetzt wird, oder auch um attraktive Partnerinnen zu erobern und sich gesellschaftliche Anerkennung zu verschaffen. Denk nur an Jordan Belfort (von Leonardo DiCaprio gespielt) in dem Film »The Wolf of Wallstreet«.

Das heißt nicht, dass Frauen nicht auch zielgerichtete Aggression anwenden oder ihre Aggressionen unterdrücken. Sie zeigen sie meistens weniger offen als Männer und sind damit anders aggressiv. Obwohl sich die Verhaltensweisen von Männern und Frauen immer mehr angleichen, gibt es dennoch zurzeit noch Unterschiede in der Handhabung zu beobachten.

Bei Frauen finden wir häufiger »relationale Aggressionen« vor. Das sind jene, in denen es darum geht, die soziale Stellung und die Beziehungen eines Menschen zu beschädigen. Zum Beispiel andere hinter ihrem Rücken schlechtmachen oder Gerüchte streuen, gezielt die beste Freundin ausspannen, dem anderen genervte, böse Blicke zuwerfen, angewidert schauen, ignorieren, ausgrenzen. Oder unsichtbare Fäden aus Verleumdung und Intrigen spinnen, um den Feind sozial fragwürdig erscheinen zulassen. Meist kann dann gar nicht eindeutig aufgeklärt werden, von wem das ausgeht und worum es konkret geht. Diese Verhaltensweisen gelten ebenso als Aggressionen, die andere verletzen. Leider ist das Bewusstsein für diese Form der Aggressionen vielfach noch nicht so offensichtlich ausgebildet und die Verhaltensweisen werden oftmals als »zickig« oder in Gruppen als »Zickenkrieg« bagatellisiert. Zickenkrieg ist wenig oft auf der Sachebene fassbar, deshalb wird den Konsequenzen aus meiner Sicht zu wenig Aufmerksamkeit gewidmet.

Dies soll nicht bedeuten, dass Männer keine relationalen Aggressionen zeigen oder Frauen nicht auch durch die Gegend brüllen.

Im männlichen Freundeskreis meiner Kollegin Gabriele gibt es viele erfolgreiche Männer und sie erzählte mir folgende Geschichte: Max, ein sehr wohlhabender und in seiner Persönlichkeit stark narzisstisch ausgeprägter Unternehmer, hatte über die Jahre hinweg seinen Freundeskreis ziemlich vergrault und sich ihm gegenüber distanziert. Dieser Prozess geschah ohne bewusste Handlungen von Max. Aufgrund seines Narzissmus hielt Max Kritik von jeher nur schlecht aus und ging beim kleinsten Anflug an kritischen Bemerkungen zu seinem Verhalten oder seinen Sichtweisen unmittelbar auf die Kritikgeber los oder schmetterte diese mit Angriffen auf andere ab. Je älter er wurde, desto ausgeprägter wurde dieses Verhalten und Max konnte kaum mehr andere Sichtweisen seiner Freunde tolerieren, ohne diesen einen negativen Stempel aufzudrücken. So wurde es immer schwieriger, Gespräche mit ihm zu führen oder sich über Themen auszutauschen. Es galt seine Sichtweise und andere ließ er kaum mehr zu. Zudem wollte er immer im Mittelpunkt der Gespräche sein und prahlte mit seinen Erfolgen und der Anhäufung seines Vermögens.

Ab einem gewissen Zeitpunkt wollte keiner seiner Freunde mehr mit Max offen reden. Seine hochnäsige Art wurde allen zu mühsam. Wie Gabriele erfuhr, taten sich ein paar Männer aus dem Freundeskreis zusammen und begannen, Max sozial auszugrenzen. Sie sprachen in ihrem Umfeld schlecht über Max' Sozialverhalten und streuten einen schlechten Ruf über ihn aus. Max realisierte nach einiger Zeit, dass er keine Einladungen mehr bekam und dass er zunehmend sozial isoliert wurde. Aber er wusste nicht, was passiert war. Hätte doch einer seiner Freunde offen mit Max geredet und sich einem Streitgespräch mit ihm gestellt, dann hätte die Möglichkeit bestanden, dass er sein Verhalten verbessert hätte. Aber die Konfrontation, die sicherlich aufgrund von Max Persönlichkeit etwas aggressiv ausgefallen wäre, hatte nicht stattgefunden. Stattdessen grenzten die Männer Max mit relationaler Aggression aus – als Konsequenz für sein provokantes und Ärger auslösendes Verhalten.

Was es im Allgemeinen mit der weiblichen Art und Weise der Aggression auf sich haben könnte, wird bereits im Nibelungenlied, einem mittelalterlichen Heldenepos besungen: »*Es ist nicht der Drache, der Feuer speit, oder der blonde Krieger, der den Drachen erschlägt – Es ist die Frau, die wirklich wütend ist.*« Und Hans-Peter Nolte fasst in seinem Buch »Psychologie der Aggression« wohl am einfachsten zusammen, was die Unterschiede des aggressiven Verhaltens von Männern und Frauen betrifft: »*Eine Verbindung aus genetischen Faktoren und Sozialisationseinflüssen kann die typischen Unterschiede vermutlich am besten erklären.*«[5]

In all diese Ausführungen möchte ich dich darauf aufmerksam machen, dass es sowohl vererbte geschlechtsspezifische Veranlagungen gibt, die unsere Form aggressiven Verhaltens beeinflussen, aber auch unsere Erziehung und Umwelt einen starken Einfluss auf uns Verhalten ausüben.

Junge Wilde und alte Weise? – Über Alter und Temperament

Kennst du das? Ein Kleinkind, das sich im Supermarkt kreischend auf den Boden wirft, ein Jugendlicher, der in einem intensiven Zornesausbruch steckt, weil das momentane Outfit nicht stimmt? Obwohl Wutanfälle von Kindern und Pubertierenden heftig ausfallen können, heften diesen vorrangig nichts Abwegiges an. Wer von uns fühlt sich schon von einem kleinen Kind angegriffen, wenn es wütend durch die Gegend schreit, weil die große Schwester mal wieder über die mühsam gebaute Ritterburg gefallen ist? Oder wer fühlt sich von einem pubertären Wutausbruch bedroht, weil nach stundenlangem Frisieren die Frisur noch immer nicht hält und die Freunde bereits vor der Türe stehen und Erwachsene sowieso nur als peinlich erlebt werden?

Anhand solcher Erlebnisse erkennen wir, welche Themen in jungem Alter bedeutend sind und wie wir im Laufe unseres Alltags lernen, unsere Bedeutungen zu verändern. Zusätzlich bewerten wir unsere negativen Alltagserlebnisse mit zunehmendem Alter gelassener. Wir haben dann einfach sehr viel und Vielfältiges erlebt und können Konsequenzen besser abschätzen. So tritt üblicherweise immer mehr Gleichmut und Reife in unsere Leben.

Es gibt zudem in der Psychologie unterschiedlichste Temperamentkonzepte. Als Temperament oder Wesensart bezeichne ich in diesem Zusammenhang eine erbliche angeborene Persönlichkeitseigenschaft, welche Auskunft über die Ausprägung der emotionalen Reaktionsweisen eines Menschen gibt. Dabei werden zur Messung der Eigenart zwei Faktoren miteinbezogen:

- Die *Impulsivität*: Diese bezeichnet den Grad der Fähigkeit/Unfähigkeit, Belohnungen hinauszuschieben oder Frustrationen zu ertragen, wenn die eigenen Bedürfnisse nicht unmittelbar befriedigt werden.

- Die *Erregbarkeit*: Diese beschreibt die Geschwindigkeit, mit der Emotionen ausgelöst werden.

Sind beide Eigenschaften bei einer Person hoch ausgeprägt, können wir von einem fruchtbaren Boden für toxischen Ärger oder von einer streitlustigen Person sprechen. Ein ausgeprägtes Temperament benötigt deshalb ein hohes Ausmaß an Selbstkontrolle, um nicht zu situationsunangemessenen überzogenen Reaktionen oder zu chronischem, toxischen Ärger zu führen.

Wenn wir an temperamentvolle Leute denken, haben wir meist das Bild von starken, lebhaften, beherzten, lebendigen, mutigen, aber auch angriffslustigen Personen in uns. Wir sagen über sie:

»Carla ist eine temperamentvolle Frau. Wenn sie ankommt, hören wir sie durch ihre laute und lebensfrohe Stimme bereits vor dem Haus.«

»Paul ist ein temperamentvolles Kind. Immer, wenn Oma Schokoladekuchen mitbringt, gerät er völlig außer sich.«

»Helena rastet immer gleich aus, wenn ihr etwas nicht passt. Sie kann sich niemals zurücknehmen und warten, bis sie an der Reihe ist.«

Deine Blickrichtungen: Worauf liegt dein Fokus?

»Wir sehen nicht die Dinge, wie sie sind, sondern wir sehen sie, wie wir sind«, steht im Talmud. Das bedeutet, wir neigen dazu, die Welt aus unserem eigenen sehr subjektiven Blickwinkel zu betrachten. Und so führt oftmals unsere Betrachtungsweise dazu, dass sich Ärger entwickelt.

Bist du beispielsweise ein zynischer Mensch? Wachst du morgens auf und erwartest dir, dass am heutigen Tag nichts

Gutes eintritt und du deinen Schutzmodus wieder einschalten musst? Misstraust du deinen Mitmenschen, selbst denen, die dich lieben und gebrauchst du deine Worte als Waffe? Trägst du unverarbeitete Enttäuschungen in dir und verletzt lieber andere, als nochmals selbst verletzt zu werden?

Denkst du vielfach in Katastrophen? Ist bei dir manch ein Ereignis bereits eine Lebenskrise, während andere höchstens etwas verstimmt reagieren? Denkst du bevorzugt in Worst-Case-Szenarien und malst dir die schlimmsten denkbaren Details aus? Fühlst du dich oft von qualvollen Gedanken überwältigt und zeigst diese Gefühle in Form von Panik oder Ärger?

Kennst du Gefühle von Zwanghaftigkeit? Geht etwas entweder nach deinen Vorstellungen oder gar nicht? Verlangst du von dir selbst oder von anderen Perfektion? Ist Kontrolle deine Priorität und hast du ein großes Sicherheitsbedürfnis? Sind in deinem Tagesablauf viele Regeln, Listen oder Gewohnheiten und es besteht wenig Raum für Unkonventionelles? Spürst du oft einen hohen inneren Druck in dir? Können andere stets auf dich bauen?

Wie ausgeprägt ist deine Ich-Bezogenheit? Bist du das Zentrum deines Universums und sind alle anderen Menschen in deiner Umgebung dazu da, deine Bedürfnisse zu erfüllen? Strafst du alle, die dir Dinge sagen, die du nicht hören willst oder dir das Gefühl vermitteln, es ginge nicht um dich? Erachtest du deine Meinung als der Weisheit letzter Schluss und handelst gerne nach dem Ellbogenprinzip?

Im Rahmen einer Coachingsitzung erzählte die Leiterin einer kleinen Expertengruppe mir einmal: *»In meinem Team kommt es immer wieder zu Streit- und Ärgersituationen, die ich nicht nachvollziehen kann. Es gibt bei weitem nicht so viele grobe Anlässe, die dieses Verhalten rechtfertigen. Zum Teil explodieren meine Leute wegen Bagatellen und ich kann nicht mehr nachvollziehen, was sich in* *den Köpfen der Einzelnen abspielt. Das Schlimme daran ist, diese Ärgeratmosphäre beeinflusst mittlerweile den Informationsfluss und die Effizienz der Arbeiten.«*

Um die Ursachen der auffälligen Ärgeratmosphäre herauszufiltern, analysierten wir die einzelnen Persönlichkeiten und deren Reaktionsweisen. Das Ergebnis war erschreckend, denn ihr kleines Team hatte mehr als die Hälfte an Persönlichkeiten, auf die eine oder mehrere oben genannter Blickrichtungen zutraf.

Sie erkannte plötzlich die Zynikerin, die bereits in der Früh den Raum betrat und mit Sätzen wie *»Na, heute schon mal wieder Fehler gemacht und noch nicht bemerkt?«* andere grinsend vergraulte, um sich dann missmutig an ihren Tisch zu setzen. Oder ihren Egozentriker Emil, der nur von sich, seine Ideen und Kompetenzen eingenommen war und jedem Teammitglied vermittelte: *»Wenn ich Nutzen aus dir ziehen kann, bin ich auch nett zu dir, aber ansonsten störe mich nicht und versuch ja nicht, mich zu kritisieren!«* Und da war noch ihr Katastrophendenker Fabian, der jeden Tag erzählte, *was er alles in der Morgenzeitung gelesen habe und dass alle Menschen in den öffentlichen Verkehrsmitteln nicht mehr sicher seien, und er sich einen Arzttermin ausmachen müsse, weil er Halsweh habe und hoffe, dass dies kein Anzeichen für ein Geschwür sei.*

Nach den Analysen der Persönlichkeiten fiel es dieser Führungskraft wie Schuppen von den Augen und sie erkannte, weshalb ihre Motivations- und Führungsstrategien gegen die ärgerliche Teamatmosphäre gar nicht wirken konnten. Wenn in einem so kleinem Team so viele zu erhöhtem Ärger neigende Persönlichkeiten die Atmosphäre vergiften, kann man sie aus meiner Sicht nur getrennt platzieren, über Autorität und klare Anweisungen führen und künftig darauf achten, dass positive Charaktere das Teamgefüge ausgleichen.

Drogen, Launen, Depressionen – unser Umgang mit Sorgen und Stress

»Komm lass uns nach der Arbeit auf ein Bier gehen, ich halte diesen Kindergarten hier nicht mehr aus!« – wie oft hören wir Sätze dieser oder ähnlicher Art? Selbst wenn uns Alkohol kurzfristig entspannt, weil er unseren Informationsfluss zwischen den Zellen verlangsamt und wir dadurch das Gefühl haben, die Welt sei wieder in Ordnung, so kommen dieselben Probleme, die wir weggespült haben, am nächsten Tag wieder und wieder und wenn wir zu viel getrunken haben, halten wir sie sogar noch schlechter aus, werden eventuell unmittelbar aggressiv oder unterdrücken unseren Ärger so stark, dass er uns gesundheitlich schädigt oder zu einem unpassendem Zeitpunkt »herausgespuckt« wird.

Sorgen lassen sich nicht wegtrinken oder mit Drogen betäuben. Sie bleiben bestehen oder erhöhen sich sogar, weil wir es entweder nicht mehr schaffen, sie dauerhaft zu unterdrücken oder sie an ungeeigneter Stelle in aller Wucht zum Vorschein kommen. Oder aber wir kämpfen mit den körperlichen und psychischen Nebenwirkungen des Verbrauchs. Alkohol- und Drogenkonsum sind weder Problemlöser noch Stressmanagement. Nur wer konstruktive Methoden der Problemlösung und des Stressmanagements anwendet, hat auch ein konstruktives und gesundes Ärger-Management.

In unseren – oftmals überfüllten – Alltagen reagieren wir manchmal mürrisch, schlecht gelaunt, genervt und haben Zeitfenster, in denen unsere Reizbarkeit besonders hoch ist. Da genügen ein falsches Wort, ein schiefer Blick oder ein kleiner Fehler und schon fahren wir aus der Haut oder werden ärgerlich, während andere tiefenentspannt danebenstehen.

Aber was, wenn dieser Zustand ein Dauerzustand geworden ist? Erhöhte Reizbarkeit als durchgängige Haltung tritt meist als Konsequenz andauernder negativer Lebensumstände auf und kann als Botschaft aufgefasst werden. Diese Botschaft lautet: *Alarm!*

Chronischer Stress durch Krankheit, Schmerzen, Lärm, Hitze, Kälte, Hunger, ein Zuviel an Arbeit oder Verpflichtungen, finanzielle oder existenzielle Probleme, Trennungen, Einsamkeit, Erinnerungen an unangenehme Erlebnisse gelten als Ursprung permanenter Reizbarkeit. Diese zeigt sich meist in Form erhöhter Aggressivität, mangelnder Konzentration, mangelnder Belastbarkeit, durch Schweißausbrüche, Herzrasen und viele andere individuelle Stresssymptomatiken.

Deshalb hat es Sinn, dem Motto zu folgen: Beobachte achtsam deine Reizbarkeit und verstehe sie als gesundheitserhaltende Botschaft.

»Heute habe ich eine Depression«, hörte ich einen jungen Burschen in der U-Bahn zu seiner Freundin sagen. Sie antwortete: *»Ojeh, ich hatte gestern auch für eine Stunde eine Depression.«* Ich musste lächeln, mit welcher Leichtigkeit diese zwei jungen Leute über ihre Befindlichkeit sprachen. So wie sie diese benannten, ging ich davon aus, dass sie nicht von echten andauernden Depressionen sprachen.

Wir alle kennen unterschiedliche Gemütszustande: Wenn wir uns gut fühlen und in einem fröhlichen, zufriedenem Gemütszustand sind, können uns Ärgeranlässe meist nicht so leicht aus der Ruhe bringen. Aber an unseren schlechten oder »depressiven« Tagen, an denen wir in einem negativen, vergraulten oder sogar niedergeschlagenem Gemütszustand sind, neigen wir schnell zu Ärger oder Wut und werden richtiggehend zu Widerlingen.

Menschen, die an Depressionen leiden, sind nahe an Ärger und Wut. Depressionen werden aufgrund ihrer Auslöser und Art diagnostiziert und es gibt im medizinischen Sinne viele Unterteilungen. Für unseren Alltag und dem Verständnis von Wut reicht aus meiner Sicht die Unterscheidung in *agitierte* und der *retardierte* Depression.

Eine agitierte Depression erkennen wir am schnellsten über das übermäßige Bewegungsbedürfnis, welches diese Personen aufzeigen. Agitierte Personen wirken rastlos oder getrieben. Es fällt ihnen schwer stillzusitzen, sie »zappeln« oft durch die Gegend oder zupfen ständig an der eigenen Kleidung beziehungsweise hantieren sie wie beiläufig mit Gegenständen. In der Psychologie fasst man diese Verhaltensweisen unter dem Begriff »gesteigerte Psychomotorik« zusammen. Die Personen selbst empfinden meist innerlich eine starke Anspannung und Unruhe. Im Unterschied zu einer Person, welche generell nervös veranlagt ist oder durch eine Stresssituation angespannt ist, sind agitierte Personen nicht in der Lage, ihren auffälligen Bewegungsdrang durchgängig zu unterdrücken. Häufig findet sich mit dieser Depressionsart eine verstärkte Reizbarkeit bis hin zu aggressivem Verhalten und unkontrollierten Wutausbrüchen.

Handelt es sich um eine retardierte Depression, findet großteils gegenteiliges Verhalten statt. Nämlich Rückzug und verlangsamte, gehemmte Motorik. Die Menschen ziehen sich in eigene Welten zurück, grollen vor sich hin, sind in einer missmutigen Stimmungslage und erzählen häufig von Energiemangel, Lustlosigkeit, Sinnlosigkeit, Schlafstörungen, Erschöpfung und auch Angstzuständen. Auch hier ist Ärger häufig ein Teil ihrer Erkrankung.

Auffällig im Bereich der Depressionen und ihrer Begleiterscheinungen ist, dass sich männliche von weiblichen Depressionen unterscheiden können. Untersuchungen zum Thema »männliche Depressionen« kommen zu dem Ergebnis, dass die wichtigsten Kernsymptome der Depressionen zwar bei beiden Geschlechtern ähnlich sind, aber bei Männern treten gehäuft eine hohe Reizbarkeit, mehr Ärger attacken und Wutanfälle auf. Ihre Unzufriedenheit und ihr Unglück mit sich selbst zeigen Männer vermehrt über Feindseligkeiten und aggressives Verhalten nach außen bis hin zu antisozialem Verhalten. Erklärungen dazu verweisen, ähnlich wie beim Einfluss unseres Geschlechtes, auf aggressives Verhalten. Männer neigen aufgrund maskuliner Rollenklischees dazu, psychische Problem abzuwehren, um die traditionelle Männerrolle, die eine Bewältigung von Schwierigkeiten vorsieht, aufrecht zu erhalten. Deshalb berichten Männer bei Depressionen mehr über Wutattacken und Aggressionen, als Frauen es tun. Schwächen zuzugeben und Hilfe zu suchen, sind Vorgehensweisen, die nicht in allen männlichen Rollenbildern verankert sind und deshalb sollten wir bei Verhaltensänderungen in Richtung Aggressivität immer auch den Aspekt einer Depression in Betracht ziehen.

»Dem werde ich es zeigen!« – die Sache mit der Konfliktlösungskompetenz

»Das gibt es doch nicht! Jetzt macht mir der schon wieder einen Strich durch die Rechnung!« Es gibt täglich genügend Gründe, sich zu ärgern. Und vielleicht ärgern wir uns sogar noch darüber, dass wir uns ärgern. Ärger und Wut können sich zu einer Endlosschleife auswachsen. Und ehrlich: Wer kennt nicht auch die Lust am Ärger? So richtig Dampf abzulassen, hat durchaus etwas Lustvolles in sich. Und freuen wir uns nicht sogar manchmal, wenn wir unsere »Lieblingsfeinde« erblicken und im Anschluss so richtig drauflosschimpfen können? Eine Alternative gäbe es wohl natürlich, nämlich sich mit den Personen *auseinanderzusetzen*. Aber damit wären wir schon in einem Problemlöse-Szenario und wollen wir das wirklich immer? Oder aber, können wir das wirklich immer?

Yasmin erzählte in einem Seminar zum Thema Konfliktmanagement, dass sie jahrelang unter ihrem Mann litt. Er attackierte sie zu Hause wegen Kleinigkeiten und begegnete ihr von früh bis spät ausgesprochen feindselig. Dieses Verhalten hatte eines Tages unvermutet angefangen. Er begann, alles zu kritisieren, was sie machte. Ob es zum Beispiel darum ging, den Mülleimer nach draußen zu bringen, die Wäsche in den Schrank zu legen oder die Art und Weise, wie sie das Essen servierte. Seine Kritik äußerte er stets in einer sehr aggressiven und angreifenden Art und Weise. Anfangs dachte sie, er durchlebe eine berufliche Krise und lasse seine Wut an ihr aus, aber irgendwann war sie sich dessen nicht mehr sicher, zumal er begann, auch ohne sie auszugehen und sie regelrecht auszugrenzen. Yasmin hatte panische Angst davor, sich eingestehen zu müssen, dass sie für ihren Partner nicht mehr attraktiv genug sei, dass er sie eventuell nicht mehr liebte oder aber eine andere Frau in seinem Leben habe. Aus Angst, wozu es führen, könnte, wenn einer dieser Gründe tatsächlich zutraf, tat sie nichts. Sie schluckte den Ärger, die Wut auf ihren Partner und wurde krank. Ein schweres Magengeschwür hatte sich über die Zeit hinweg entwickelt. In einem langen Gespräch mit ihrer Ärztin wurde ihr bewusst, dass dieses Geschwür entstanden war, weil sie ihren Ärger, über alles, was in der Beziehung schieflief, immer wieder hinuntergeschluckt hatte. Sie nahm daraufhin all ihren Mut zusammen und führte ein klärendes Gespräch mit ihrem Mann. Und dieser sagte ihr, dass seine Anfeindung darauf beruhte, dass er schon lange Zeit das Gefühl hatte, sie stehe nicht mehr für sich ein. Sie führe ein Leben an seiner Seite, um ihm zu gefallen, aber nicht, um ihr Leben zu leben. Dabei beobachte er, dass sie auf viele Interessen und Hobbys, die sie früher gerne gemacht hatte, verzichtete, nur um für ihn da zu sein. Diese Verantwortung, die er dadurch für ihr Leben auf seinen Schultern fühlte, machte ihn innerlich sehr wütend. Aber er hatte nie den Mut, es ihr zu sagen. Das klärende Gespräch war für Yasmin zwar sehr schmerzhaft, es öffnete ihr aber die Augen. Sie erkannte, dass gut gemeint, nicht immer gut getroffen heißt und begann fortan, sich wieder vermehrt dem zu widmen, was ihr guttat.

Ein konstruktives Ärger-Management beginnt immer bei uns selbst. Zuallererst müssen wir identifizieren, was uns ärgert und wie wir unsere Konflikte lösen können, ohne dass die Fetzen fliegen und ohne dass wir Konflikte vermeiden. Ein konstruktives Konfliktmanagement kann unser Leben gesund erhalten und unsere Lebensqualität um ein Vielfaches erhöhen. Glücklich sind wir nicht, wenn wir aneinander vorbeireden oder uns anschreien, sondern wenn wir miteinander zielorientiert kommunizieren.

Erschöpft und ausgebrannt?

»Ich habe schon immer gewusst, dass ich unter Erschöpfung aggressiv werde, aber niemand hat mir geglaubt, dass es die Müdigkeit sei. Alle haben gesagt: ›Du bist halt eine aggressive Persönlichkeit.‹ Ich wusste aber, dass das nicht stimmt, weil ich niemals in Lebensphasen, in denen ich ausgeglichen und ausgeruht war, Wutanfälle hatte«, erzählte mir Susanne in einem Online-Coaching.

Ein paar intime Fragen an dich, liebe Leserin, lieber Leser:

- Sieht dein Leben mehr nach einem ständigen Geben oder mehr nach einem ständigen Nehmen aus? Oder befinden sich Geben und Nehmen ungefähr im Gleichgewicht?
- Ist deine Lebenszeit hauptsächlich mit Arbeit gefüllt und hast du das Gefühl, Spaß, Vergnügen, Leichtigkeit haben kaum Platz in deinem Leben?
- Verbringst du mehr Zeit mit Verpflichtungen als fröhliche Stunden mit Freunden und geliebten Menschen?
- Schläfst du ausreichend?

- Hast du eine liebevolle Umgebung, die dich unterstützt und dir Aufgaben abnimmt, wenn dir die Decke auf den Kopf fällt oder dein Stresslevel zu hoch wird? Oder hast du das Gefühl, alleine mit all deinen Verantwortungen und täglichen Pflichten zu sein und zu wenig liebevolle zugewandte Unterstützung zu erfahren?

Wenn deine Antworten zu stark auf der Seite der Verpflichtungen und Verantwortungen liegen, bist du eine tickende Zeitbombe, was Ärger und Wut betrifft! Und nicht, weil du kein angemessenes Ärger-Management hast, sondern weil deine Lebenssituation dich in ein Ungleichgewicht gebracht hat, das ein Ventil sucht und braucht. Emotionale Reaktionen im Verlauf einer Erschöpfung sind vielfältig. Im Großen und Ganzen unterscheiden wir *depressiv-emotionale* Reaktionen und *aggressiv-emotionale* Reaktionen. Die emotionale Belastbarkeitsgrenze ist unter Erschöpfung stark herabgesetzt und Betroffene überreagieren im Alltag aus Sicht der Umwelt wegen geringfügiger Anlässe, weinen wegen jeder Kleinigkeit oder zeigen eine Vielzahl an anderen unverständlichen Reaktionen.

Wenn solche unverständlichen Reaktionen über einen längeren Zeitraum auftreten und nicht Teil deiner Persönlichkeitsstruktur sind, sind sie Anzeichen einer Krise und du solltest diese unbedingt ernst nehmen.

Unser Schubladensystem regiert uns

Benedikt, einer meiner Seminarteilnehmer, erinnerte sich an folgende Situation: Er studierte gerade ein paar Semester auf der Universität und es war eine Projektarbeit mit vier anderen Studenten auszuarbeiten. Das Abgabedatum war fix vorgegeben und Benedikt wurde von der Gruppe zum Projektleiter gewählt. Aufgrund seiner Funktion übernahm er die inhaltliche Aufteilung und die Terminplanungen für die Abstimmungsarbeiten. Beim ersten gemeinsamen Termin hatte Naomi ihren Teil der Aufgaben nicht erfüllt, mit dem Argument, sie sei krank gewesen. Benedikt wurde ärgerlich, denn er unterstellte Naomi mangelnde Motivation, mangelndes Pflichtbewusstsein, mangelnde Kooperation und begann, sie innerlich zu entwerten und in die Schublade »unfähig« zu stecken, zumal sie genau in sein Bewertungssystem »unfähige Tussi« passte. Dementsprechend gestaltete er den Umgang mit ihr und schürte bei den anderen ebenfalls Voreingenommenheit gegen sie. Er übernahm, ohne mit ihr zu reden, ihre inhaltlichen Aufgaben und beim nächsten Treffen präsentierte er seinen zusätzlichen Teil, welchen er für sie gemacht hatte, ohne im Vorfeld mit ihr darüber zu reden. Naomi fühlte sich bloßgestellt und entwertet. Hatte sie doch für dieses Treffen alles wie geplant erledigt und war stolz auf ihre Leistung.

Sie reagierte auf Benedikts Verhalten mit den Worten: »*Du hast mir nicht geglaubt, dass ich wirklich krank war und ich deshalb meinen Teil das letzte Mal verabsäumt habe. Du hast angenommen, dass ich die Aufgabe nicht erfüllen kann oder will! Benedikt, bevor du so etwas machst, überprüfe die Realität. Das kommt nicht gut an und lässt dich nicht gut aussehen.*« Diese Worte hat Benedikt nie vergessen und sie haben seine Zusammenarbeit mit Studenten und in der Folge Kollegen stark beeinflusst. Er fühlte sich von Naomi zu Recht blamiert und diese Erinnerung prägte ihn ein Leben lang.

Wie nennen wir sie oft, diese Menschen, die an unseren Nerven zerren oder die wir nicht mögen: *Quälgeister, Giftspritzer, Arschlöcher, Miesmacher, Idioten, Widerlinge, Fieslinge* ... vielfältige Äußerungen für unseren Unmut begleiten unseren Alltag. Selbst wenn wir diese Bezeichnungen nicht laut aussprechen, sind wir innerlich oftmals davon umzingelt. Bei genauer Betrachtung verbergen sich hinter diesen Begrifflichkeiten unsere eigenen Erwartungen an Personen und unsere Enttäuschungen oder Frustrationen, weil diese Personen unsere Erwartungen nicht erfüllt haben. Wir verurteilen damit Personen und legen sie in unsere Schublade »negativ und ärgerlich« ab. Als Konsequenz fühlen wir uns meist gut! Denn wir haben damit unser Weltbild in Gut und Böse getrennt und üblicherweise uns selbst in der Schublade »gut« eingestuft. Das fühlt sich angenehm an!

Unsere Bewertungen anderer sagen allerdings mehr über uns aus als über andere. Sie geben Auskunft über unsere Gewichtungen, Überzeugungen, unseren Fokus, unsere Erwartungen, Erfahrungen und Enttäuschungen.

Wenn du ein bisschen in deine Wertungswelt eintauchen willst, vervollständige folgende Sätze: Porschefahrer/innen sind … Fußballfans sind … Frauen mit Kopftuch sind … Christliche Männer sind … Raser/innen im Straßenverkehr sind … Wohlhabende Menschen sind … Yachtbesitzer/innen sind … Veganer/innen sind … Du erkennst sofort, wie stark deine persönlichen Wertungen dein Leben und den Umgang mit anderen beeinflussen. Überdenke kurz, wie es wäre, wenn du deine Wertungen atypisch abänderst und diese Sätze in die gegensätzliche Richtung beantwortest? Dein Schubladen-System würde sich sofort ändern und damit deine Emotionen und Reaktionen.

Ich finde den Satz von Ina Machold »*Raus aus der Bewertung – rein ins Glück*« sehr inspirierend und als große Hilfe, um alltäglichem Ärger zu entkommen.

Was kocht in uns manchmal hoch?
Unsere emotionalen Wunden

Flora war wieder einmal außer Rand und Band. Ihr Vorgesetzter hatte sie zu sich beordert und sie im Bewusstsein seines höheren hierarchischen Rangs zurechtgewiesen. Sie hatte vergessen, ihm wichtige Informationen weiterzutragen. Flora, die generell sehr bemüht ist, perfekt zu arbeiten und alles so gut wie möglich zu erledigen, antwortete ihrem Chef in sehr aufgebrachter und aggressiver Art und Weise.

»Das brauche ich mir von Ihnen nicht gefallen zu lassen! Ich arbeite immer bestmöglich und kann auch mal einen Fehler machen, aber lassen Sie mich in Ruhe mit Ihrer Kritik, das steht Ihnen nicht zu, was glauben Sie, wer Sie sind!« Nach dieser aggressiven Antwort lief sie sofort aus dem Zimmer und stampfte vor Zorn und Wut durch die Gegend. Flora war es im Innersten immer zutiefst unangenehm, Fehler zu machen, angreifbar zu sein und verantwortlich dafür zu sein, wenn andere durch ihr Handeln in eine unangenehme Lage gebracht wurden. Auf Kritik reagierte sie stets wie heißes Wasser in einem Kochtopf: Sie brodelte über. Nach ihrem Ausbruch war ihr auch sofort klar, dass ihre Reaktion nicht angemessen war. Denn ihr Chef reagierte zwar aus seiner beruflich übergeordneten Position heraus, aber er war weder anfeindend noch angreifend.

Was war in dieser Situation mit Flora passiert? Jedes Mal, wenn Flora von einer Autoritätsperson kritisiert wird, fühlt sie sich sehr stark verletzt und persönlich angegriffen. Flora reagiert in dieser Situation nicht nur auf das momentane Erlebnis, sondern zusätzlich auch aus ihrem Kind-Ich, einem Zustand aus der Vergangenheit. Als Kind war Flora von ihrem Vater häufig kritisiert und angegriffen worden und zwar auf sehr autoritäre und entmutigende Art und Weise. Jedes Mal, wenn sie nun in eine ähnliche Situation gerät, wehrt sie sich stellvertretend für all die psychischen

Verletzungen und Verwundungen, die sie als Kind durch den Erziehungsstil ihres Vaters erlitten hatte und gegen die sie sich damals nicht wehren konnte. Diese Wunden schreien in diesem Moment aus Flora mit heraus, denn sie fühlt in diesen Situationen nicht nur den momentanen Schmerz der Kritik, sondern es kommen eben auch all die vielen vergangenen Schmerzerlebnisse unbewusst in ihr hoch und lösen diese unangepassten, vielen zu heftigen Reaktionen aus.

Wir alle werden immer wieder von Personen oder Situationen emotional getriggert und können das vielfach nicht vorhersehen. Das macht den Umgang mit solchen Situationen so schwierig. Denn wir reagieren ja in diesen Momenten nicht nur auf die Situation, sondern auch auf vergangene Erlebnisse, die in unserem Unbewussten abgespeichert sind. Diese negativen schmerzhaften Erlebnisse können wir in diesem Moment aber nicht als Erinnerung erkennen und so kommen sie mit in unsere Bewertung der aktuellen Situation. Dies lässt uns heftiger und reflexhaft stark reagieren, obwohl zu dem aktuellen Zeitpunkt gar kein Anlass für solch eine übertrieben starke negative Reaktion besteht.

Wenn wir also heftiger reagieren, als es angemessen ist, können wir uns sofort die Frage stellen: *Welche alten Verletzungen sind in uns aktiviert worden?*

Aktivierte Gefühle sind niemals als gut oder schlecht zu bewerten. Sie sind da, um gefühlt zu werden, weil sie uns eine Botschaft vermitteln. Wichtig ist, dass wir uns ein passendes Gefühlsmanagement aneignen, damit wir in solchen Situationen nicht unseren hochschwappenden Gefühlen ausgeliefert sind und sofort reagieren. Es ist sinnvoll, diese zuallererst wahrzunehmen, anzunehmen und zu kontrollieren, was wir mit ihnen tun wollen. Niemand zwingt uns, auf unser Gegenüber loszugehen. Es geht darum, uns in dem Moment, in dem wir die Wut spüren, zu fragen: *»Was mache ich jetzt mit dieser Wut? Ist es angebracht und für mein Ziel* *dienlich, sie herauszulassen oder warte ich, bis ich wieder in einem entspanntem Zustand bin, der es mir ermöglicht, darüber nachzudenken, weshalb ich in dieser Situation so wütend geworden bin und was ich mit dieser Wut tun will?«* Es ist niemals günstig, die Wut zu schlucken, sondern sie zielorientiert zu verarbeiten und auszudrücken. Wenn wir unser Gegenüber aus unserer Wut heraus angreifen, können wir die Beziehung in eine große Schieflage bringen. Wenn wir das Thema, das uns wütend macht, konstruktiv ansprechen, können wir zu Lösungen finden.

Wir müssen dabei aber nicht immer gleich reagieren, es ist sinnvoll, zuerst einmal nachzudenken, sich Zeit zu geben und erst dann zu reagieren.[6]

Die innere Sprengstoff-Liste

»Papa, fahren wir bitte zur nächsten Tankstelle, Mama braucht etwas zu essen und zu trinken!« Als meine Tochter das während einer Autofahrt sagte, starrte ich sie verblüfft an und fragte: *»Wie kommst du darauf?«* Ihre Antwort: *»Mama, hör dir doch mal zu! Seit einer halben Stunde schimpfst du über jeden, der uns überholt und greifst die Fahrweise an. Du bist weder gelassen noch passt dir irgendwas. Nachdem es aber keinen sichtbaren Grund für dein Verhalten gibt, muss er in dir liegen. Und wir kennen dich ja: Wenn du hungrig und durstig bist, wirst du etwas aggressiv.«*

Sie hatte so Recht! Manchmal bin ich dermaßen mit meiner Außenwelt beschäftigt, dass ich gar nicht bemerke, was mich aus dem Gleichgewicht bringt.

Wie läuft das bei dir ab? Kennst du deine innere Sprengstoff-Liste? Überlege kurz einmal, wie du reagierst, wenn eines dieser Gefühle in deinem Leben auftritt: Hunger oder

Durst, Kälte oder Hitze, Frustrationen, Ängste, Schmerzen, psychische und physische Überforderungen, negative emotionale Stresserlebnisse.

Laut neurobiologischen Erkenntnissen zeigen alle genannten Punkte eine Bedrohung unseres Organismus an und aktivieren unser Überlebensprogramm. Die amerikanische Neuropsychologin Naomi Eisenberg kam 2003 in einer Untersuchung zu diesem Ergebnis: *»Das menschliche Gehirn bewertet zugefügten körperlichen Schmerz auf die gleiche Weise wie soziale Ausgrenzung oder Demütigung, was zur Folge hat, dass beides – psychischer wie physischer Schmerz – mit Aggression beantwortet wird.«*

Infolgedessen richten wir aggressives Verhalten auf jene Personen, die unseren Schmerz angerichtet haben oder auf jene, die gerade anwesend oder in unserer Umgebung sind. Unser starkes inneres Schmerzempfinden beraubt uns in diesen Momenten unserer sachlichen Vernunft und wir reagieren derart intensiv, wie wir es unter Umständen, in denen wir gelassen sind, niemals tun würden.

Es gibt die verschiedensten schmerzlichen oder angstauslösenden Situationen, die dich aggressiv reagieren lassen können:

Angst: Du bist als Jugendlicher von der Schule mit einer schlechten Note nach Hause gekommen und hattest Angst vor der Reaktion deiner Eltern. Diese Note legte deinen Abschluss fest. Anstatt es ihnen zu sagen und darüber zu reden, hast du deine Eltern angeschrien, sie mögen dich doch in Ruhe lassen und dir keine komischen Fragen stellen.

Frustration: Deine Partnerin hat dich gebeten, einkaufen zu gehen. In dem Moment, als sie ihre Bitte aussprach, konterst du allerdings aggressiv, denn du wolltest das Fußballspiel sehen und hattest plötzlich Sorge, den Anpfiff zu verpassen.

Blamage: Deine beste Freundin bittet dich, für sie eine Bluse auszusuchen. Aus Angst vor einer falsche Entscheidung fährst du sie aggressiv an, wieso sie dich fragt und die Bluse nicht selbst aussucht.

Tod: Dein Großvater liegt im Spital und da er schon sehr alt ist, hat er Angst, nicht mehr nach Hause zu kommen. Als du ihn besuchst, schreit er dich an und beschwert sich über deinen späten Besuch und die schlechte Betreuung im Spital, ohne dass es dafür Anlass gäbe.

Ausgrenzung: In deinem Freundeskreis werden öfters spontan gemeinsame Abende vereinbart. Zweimal haben dich deine Freunde – ohne böswillige Absicht – sehr kurzfristig informiert. Als du einen deiner Freunde triffst, schnauzt du ihn an, ohne Anlass, sondern aus Angst, deine Freunde möchten dich aus dem Kreis ausschließen.

Anerkennung: Deine Arbeitskollegen verhalten sich seit einiger Zeit merkwürdig dir gegenüber und du vermutest, es habe etwas mit deiner Leistung zu tun. Ohne es zu hinterfragen, bist du bissig. Du fürchtest den Verlust von Anerkennung.

Abhängigkeit: Deine stets unabhängige Busenfreundin hat einen neuen Partner. Da sie große Angst vor emotionaler Abhängigkeit in sich trägt, zeigt sie sich ihm gegenüber oftmals grundlos aggressiv.

Kälte: Du stehst bei der Bushaltestelle und dir ist eiskalt. Ein Passant fragt dich nach der Uhrzeit. Du zischt ihn böswillig an und verweigerst die Hilfe, weil dir kalt ist.

Hitze: Du stehst im Sommer an einem Kiosk, um eine Zeitung zu kaufen. Es hat seit Tagen vierzig Grad im Schatten und du fühlst dich schon lange nicht mehr wohl in deinem Körper. Weil vor dir ein paar Leute länger brauchen, beginnst du, sie aggressiv anzupflaumen.

Unsere menschliche Neigung, vorbeugend gleich mal aggressiv zu reagieren, ist auch in dem bekannten Sprichwort »*Angriff ist die beste Verteidigung*« gut abgebildet.

Das Ungemütliche in diesen Situationen ist die Überforderung auf beiden Seiten. Unsere Umgebung kennt unsere innersten Empfindungen nicht. Sie ist unmittelbar mit unserem negativen Handeln konfrontiert, das oftmals wie *aus der Luft gegriffen* wirkt. Es ist dann der jeweiligen Person und Situation überlassen, welchen Umgang sie damit findet. Aus dieser Perspektive – ein gefährliches Spiel für uns!

Ich mach dich platt! Unsere Rache-Aggression

Wer von uns kennt sie nicht, diese Genugtuung und Zufriedenheit, die wir während oder nach einem Racheakt erleben?

Unsere Rache-Aggression trägt die Botschaft in sich: *»Das kannst du mit mir nicht machen! Das lasse ich nicht zu! Ich zeige dir meine Grenzen und auch, dass ich gegen dich vorgehen kann. Also pass gut auf, wie du mit mir umgehst!«*

Unsere Rache hat das eindeutige Ziel, aus der eigenen Hilflosigkeit einen Weg zu finden und erlittene Verwundungen in aktive Handlungen zu verwandeln. Je besser wir einen Menschen kennen, dem wir Rache zollen, desto subtiler oder auch direkter können wir uns rächen.

Der sechzehnjährige Philipp, Bruder des um zwei Jahre älteren Simon, muss viel einstecken. Sein großer Bruder packt jede Gelegenheit beim Schopf, um ihn zu ärgern, ihn auf die Seite zu drängen oder ihn gar nicht erst zum Zug kommen zu lassen. Alles, was die Eltern oder Philipp bisher dagegen unternommen haben, scheiterte.

Die beiden Brüder besuchen dieselbe Schule und bereits am Schulweg macht Simon Philipp täglich klar: *»Komm ja nicht in meiner Nähe, ich will nicht mit dir gesehen werden!«* In der Schule meidet er jeden Kontakt oder versucht, Philipp anzuschwärzen, zu beleidigen oder zu demütigen. So war es auch beim alljährlichen Schulabschlussfest. Der sehr attraktive Philipp stand bei den Mädchen und hatte gerade all ihre Aufmerksamkeit. Simon kam vorbei und rief in die Runde: »*Na kleiner Bruder, hast du heute schon dein Pausenbrot gegessen? Nicht, dass der kleine Junge Mama enttäuscht. Du hängst doch noch an ihrem Rockzipfel wie ein Kleinkind. Du wirst nie erwachsen und deine Frau wird keinen Partner, sondern ein Schnullerbaby an ihrer Seite haben.*«

Philipp blieb bei der Attacke seines Bruders stumm, augenscheinlich war er in einer Art Schockstarre. Die Mädchen zeigten sich betroffen und die Gruppe löste sich auf. Am Abend ging Philipp heimlich in Simons Zimmer und zerstörte einige von Simons Lieblingsklamotten und Schallplatten, mit denen er in der Schule immer prahlte. Simon wusste sofort, weshalb Philipp das getan hatte, nämlich um Rache zu nehmen. Ab diesem Tag zeigte er sich nur noch distanziert, aber nicht mehr offen angreifend Philipp gegenüber. Wie es manchmal bei Geschwistern vorkommt, kamen die beiden aber niemals in ein angenehmes Beziehungsverhältnis zueinander.

Rache ist Genugtuung. Eine beachtliche Anzahl von Filmen beschäftigt sich mit diesem Thema. Bestürzende und ergreifende Dramen spielen sich zum Beispiel in »Der Gladiator«, »The Revenant«, »Kill Bill« ab. Und wer von uns ist nicht im tiefen Innersten zufriedengestellt, wenn die Rache des Helden, trotz der vielen Opfer, die diese gefordert hat, erfolgreich war? Sobald gerecht erlebte Rache genommen wird, wird unser kollektives Gerechtigkeitsbedürfnis bestätigt und wir fühlen uns gut. Wir identifizieren uns oft mit dem Rächer und diese Identifikation geht so weit, dass wir physische und psychische Aggressionshandlungen als rechtmäßig empfinden. Dann fühlen wir uns wieder sicher und ausgesöhnt in unserer Welt.

Untersuchungen haben wissenschaftlich belegt, dass unser Gehirn sofort unser Belohnungssystem aktiviert, wenn wir gerechterweise Rache nehmen. Und bereits bei zweijährigen Kindern wurde ein in uns angelegtes Urbedürfnis nach Gerechtigkeit bestätigt.

Aggressive Racheakte können in zwei Formen auftreten: Entweder als *Rachefantasien,* die sich nur in unserem Kopf abspielen oder als *Rachehandlungen,* die tatsächlich in der Realität durchgeführt werden.

Unsere Rachefantasien erleben wir als äußerst befriedigend. In unserem Kopf wischen wir unseren Peinigern und Widerlingen eins aus, verwunden sie, stellen sie bloß, lassen sie weinen und leiden und vielleicht sogar noch um unsere Gunst buhlen. Wir können uns in unseren innersten Bildern so großartig fühlen, denn in diesen Momenten sind wir an der Macht und fühlen uns als Sieger. Wir »zeigen es dem anderen« und »zahlen es ihm heim«. Wir sind vom Opfer zum Machthaber geworden und frönen dem Sieg. Aus der Ohnmacht in die Macht zu kommen, fühlt sich instinktiv auf alle Fälle besser an, als am Boden liegend in sich hineinzuschmachten. Ob dieses Verhalten zielführend ist, ist eine andere Sache.

In der Realität sollten wir vorsichtiger sein, denn der Bumerang der Rache ist niemals weit. Und das Wichtigste ist: Die Heilung unserer Wunden wird niemals durch Rache geschehen, sie kann maximal gelindert werden. So hatte in dem obigen Beispiel Philipp mit seiner Rache zwar Simon zum Rückzug gebracht, aber Philipp hätte seine Grenzen auch anders klären können und das Risiko, dass Simon erneut zurückschlägt, ausgelassen. Die Tatsache der öffentlichen Entwertung und den damit verbundenen Gefühlen ist durch die verübte Rache nicht wieder ins Lot zu bringen. Aus meiner Sicht brachte es der Philosoph Francis Bacon auf den Punkt: »Wer Rache nimmt, ist nicht besser als sein Feind; verzichtet er aber darauf, ist er überlegen.«

Der amerikanische Psychologe Robert Bries entdeckte in seinen Untersuchungen zu Rache im Job, dass jene Personen, die trotz des Ärgers, der Wut und des Zorns über ihre Chefs oder Kollegen keine Rachehandlungen setzten, über weniger psychische Belastungen am Arbeitsplatz berichteten und auch weniger als Belastung für andere empfunden werden.[7]

Konflikte offen zu klären und klare Grenzen zu setzen, sind wohl nicht nur um ein Vielfaches gesündere Vorgehensweisen, sondern machen uns auch zu angenehmeren Zeitgenossen.

Rache ist süß und dienlich, wenn
- sie in unserer Fantasie bleibt,
- wir durch eine kleine nicht großartig schädigende Rachehandlung andere zum Umdenken bewegen,
- wir durch eine kleine, nicht großartig schädigende Rachehandlung anderen unsere Grenzen aufzeigen,
- wir durch eine kleine, nicht großartig schädigende Rachehandlung unsere Stärke aufzeigen und damit auf Respekt und Bedeutung verweisen,
- wir durch eine kleine nicht großartig schädigende Rachehandlung unseren Selbstwert stabilisieren und eine Gleichwertigkeit einbringen,

Rache ist zerstörerisch, wenn
- sie sich gegen uns selbst richtet (wir kündigen einen Job, den wir gerne haben, wir lösen eine Beziehung auf, wir boykottieren Ergebnisse, die uns einen Mitvorteil bringen, ...),
- sie den anderen körperlich, seelisch oder existenziell schädigt,
- sie eine Überreaktion ist, obwohl tatsächlich keine Ungerechtigkeit vorliegt.

Bevor du dich also rächst, halte immer kurz einen Moment inne und frage dich: Bin ich in dieser Situation zart besaitet oder ist es wirklich gerecht, einen kleinen Racheakt zu setzen? Oftmals sind es schlicht unsere Bewertungen, die unangemessen sind. Sich deshalb zu rächen bringt, weder Gleichgewicht noch Einsicht. Vielmehr entstehen Irritation und Unsicherheit!

Never lose a game – Weisheit statt Rache

Wenn wir uns angegriffen fühlen, wollen wir Ausgleich schaffen. Konstruktive Konfliktlösungen sind niemals mit Rache gefüllt, sondern gekennzeichnet durch:

- Emotionen abkühlen,
- Situation analysieren und in den eigenen Spiegel schauen,
- zu einem geeigneten Zeitpunkt das Klärungsgespräch führen und die Frustration oder Verwundung konkret ansprechen,
- unfaire Taktiken offenlegen,
- Ziele klar und konkret festlegen,
- klare Grenzziehungen durchführen.

Konkrete und vielfältige Lösungsvorschläge zum Thema findest du ausgearbeitet im zweiten Teile des Buches. Wenn du dich auf die Lösungsseite schlägst, braucht Rache kein Thema mehr in deinem Handeln sein.

Menschen, die anderen offen, aufrichtig, ehrlich konfrontierend begegnen, ohne sich über den Tisch ziehen zu lassen und ohne den anderen anzugreifen, sind die nachhaltigen Sieger. Wir wollen diese Menschen zu Verbündeten haben. Wir wollen ihre Stärke, ihre Ehrlichkeit und Offenheit. Diese Eigenschaften geben uns Vertrauen, Sicherheit und Verlässlichkeit. Wenn ich in Organisationen arbeite, frage ich immer: »*Wer hat hier Gefolgschaft?*« Ich rede von jenen Personen, denen wir *gerne* folgen, weil sie für uns transparent und an einer guten Zusammenarbeit interessiert sind. Es sind jene Menschen, die die Macht haben, andere dazu zu motivieren, Grenzen zu überschreiten, Unmögliches möglich zu machen. Sie sind die wahren Führer im privaten wie im beruflichen Umfeld. Sie nutzen und benötigen keine Rache- oder Machtspiele, denn ihr Verhalten ist ihre Macht. Sie geben uns die Sicherheit und das Vertrauen, das wir benötigen, um kreativ unser Potenzial zu zeigen und Gewinne einzufahren.

Erkläre mir den Ärger!

Die vielfältigen Motive, die ich ausführlich erläutert habe, zeigen, dass die Themen Ärger, Wut und Aggressionen sehr komplex sind und von unseren Eigenschaften, kurzfristigen Tagesverfassungen, Lebenserfahrungen, Erziehungsstilen, Betrachtungsweisen, Personen und noch vielem mehr abhängen.

Die Auslöser wechseln immer wieder und sind nicht als statische Erklärungen zu verstehen. Wir ändern uns, die Umstände ändern sich, es ist stets alles in Bewegung. Aber genau dann, wenn du gerade gar nicht verstehst, weshalb eine Situation so ist, wie sie ist, wenn dich deine starken Gefühle überraschen, nimm dieses »Motive-Kapitel« in die Hand. Vielleicht kann dir die eine oder andere Erklärung bei der Suche nach der Ursache des Ärgers, den du gerade erlebst, helfen.

3. Aggressionshemmungen – Selbstkontrolle zu unserem Vorteil?

Weshalb verhalten sich manche
Menschen nicht aggressiv, obwohl sie
genügend Grund dazu hätten?

Um zu erkennen, ob du deine Aggressionen eher auslebst oder zurückhältst, beantworte folgende Fragen:

- Wann hast du dich in letzter Zeit so richtig geärgert?
- Hast du den Ärger, die Wut aggressiv ausgelebt?
- Hast du den Ärger, die Wut verdrängt und nach außen hin so getan, als würdest du dich gar nicht ärgern?
- Wann war das letzte Mal jemand wegen dir ärgerlich, wütend und wie ist die Person mit dir umgegangen?

Wie ist dein Ergebnis? Trägst du eher Aggressionshemmungen in dir und zeigst deshalb friedliche, kontrollierte Reaktionen auf negative Emotionen? Oder bist du gerne ein Wüterich und machst auch gerne andere wütend? Menschen, die Aggressionshemmungen in sich verankert haben, haben in ihrem Leben erfahren oder gelernt, dass negative emotionale Reaktionen oft mehr Ärger und negative Konsequenzen schüren, als es ihnen angenehm ist. Die Motive dafür sind wieder sehr vielfältig und haben mehrere gemeinsame Nenner:

Nicht anzuecken und *nicht sanktioniert* zu werden, können zum Beispiel sehr starke Motive sein, um sich in seinen Reaktionen zurückzuhalten. Wer von uns will das schon: Verlust des Ansehens, Verlust des Vertrauens, Verlust einer guten Beziehungslage, Verlust einer fröhlichen Stimmung, Verlust einer Harmonie, Verlust des Arbeitsplatzes, Verlust einer anerkannten Position, Verlust einer geliebten Person? Aus diesen Gründen verzichten wir lieber auf aggressives Verhalten und auch wegen unserer prosozialen inneren Werte, die wir über Erziehung und Eigenentwicklung innerlich verankert haben: Stell dir vor, du wirst immer geringgeschätzt, wenn du brüllst, schreist und tobst! Und stell dir andererseits vor, du wirst immer gelobt und gemocht, wenn du prosoziales Verhalten zeigst. Zu diesem zählen: Rücksichtnahme, Zuwendung, Hilfeleistung, Liebe, Achtsamkeit, Wertschätzung, Verständnis, Höflichkeit, Freundlichkeit, Kooperation, uvm. Ich denke, es ist dann schnell klar, warum wir uns gerne immer wieder für Aggressionshemmungen entscheiden.

Die Angst vor den negativen Reaktionen unserer Umwelt oder vor unseren eigenen inneren Bewertungen lässt also unsere Selbstkontrollmechanismen hochfahren und uns kontrolliert handeln.

Allerdings nicht immer! Wie wir oben gesehen haben, gibt es genügend Gründe, dass unsere Selbstkontrolle auch versagt. Was hilft uns, unsere erlernte Selbstkontrolle, die ja nicht in jedem Fall funktioniert, zu erhöhen oder zu erhalten? Ersatzhandlungen sind ein Teil davon. Dazu zählen zum Beispiel: Bewegung, Meditation, Entspannungstraining, Yoga und Sport, um den inneren Druck abzubauen. Essen, Sauna, Wellness, um sich zu beruhigen oder Fernsehen, Spiele spielen oder was immer dir guttut und gefällt. Die Anzahl der Kompensationsmöglichkeiten und psychologischen Schutzschirme ist sehr umfangreich, wie wir im zweiten Teil des Buches noch genauer sehen, und abhängig von der jeweiligen Persönlichkeit. Achte jedenfalls stets darauf, dass deine Ersatzhandlungen nicht gesundheitsschädigend sind oder negative Konsequenzen haben.

Nathalie erzählte mir weinend im Online-Coaching: »*Jetzt ist es mir wieder passiert, obwohl ich mich seit Jahren darum bemühe, dass ich es sein lasse! Ich bin von der Arbeit nach Hause gekommen und war völlig angespannt. In der Arbeit hatten mich zwei Kollegen ziemlich angegriffen, weil ich im Zuge unserer gemeinsamen Projektarbeiten ein paar Informationen zu schnell an unseren Vorgesetzten weitergegeben habe. Sie waren so wütend auf mich, dass sie mich total unfair behandelt und miese Gerüchte über mich in Gang gesetzt haben. Da mein Vorgesetzter über alles informiert wurde, wollte ich nicht noch Öl ins Feuer gießen und habe mich in der Arbeit trotz großer Wut ruhig verhalten. Natürlich wusste ich gleich, dass ich falsch gehandelt hatte, aber dass sie so eine Geschichte daraus machten, fand ich sehr ungerecht. Also bin ich mit all der Wut nach Hause gefahren und habe diese dann bei meinem Mann abgelassen. Er hatte auch einen Tag mit ein paar Widerlingen im Job verbracht, war müde und schlecht drauf. Ich bin wie eine Furie auf ihn losgezogen und habe ihm viele Vorwürfe gemacht, die ungerechtfertigt waren. Da ich das schon oft gemacht habe, ist meinem Mann der Geduldsfaden gerissen und er will nun den gemeinsamen Urlaub stornieren und hat keine Lust mehr auf Gemeinsamkeiten. Ich kann ihn ja verstehen, dass ich das Fass zum Überlaufen gebracht habe. Aber ehrlich, es war keine Absicht dahinter, es schwappt plötzlich aus mir heraus, all die angestaute Wut, und bei ihm hatte ich immer das Gefühl, er hält das aus. Aber jetzt habe ich es wohl übertrieben.*«

So wie in diesem Beispiel verschieben wir gerne unsere negativen Gefühle, die wir gegen Personen haben, die mächtiger sind als wir und lassen sie an Personen aus, bei denen wir uns sicher fühlen oder die uns unterlegen sind. Wer kennt dieses Szenario nicht? Wir gehen übellaunig nach Hause und zicken erbost unserer Kinder und unseren Partner an, obwohl wir nicht zu Hause, sondern im Job Schwierigkeiten hatten. Wenn wir Glück haben, treffen wir auf verständnisvolle Gegenüber, aber wer will dauerhaft der Prellbock für unverarbeitete Emotionen sein?

Die Lösung sind aber nicht die absolute Selbstkontrolle, Ärger- oder Aggressionsvermeidung oder Aggressionsverschiebung. Denn wenn wir unsere Emotionen zu stark kontrollieren, verlieren wir unsere Lebendigkeit und Authentizität. Wir bleiben dann vielleicht stumm, um nichts Falsches zu sagen oder wir neigen zu aufgesetzter Höflichkeit, die uns keiner abnimmt. Verena Kast sagt in ihrem Buch »Vom Sinn des Ärgers«: »*Wer Ärger zulässt, glaubt, dass man das Leben noch verändern kann. Wer den Ärger nicht mehr zulässt, glaubt nicht daran.*«

Deshalb ist auch an dieser Stelle wieder bedeutend, ein konstruktives Ärger-Management, das Selbstkontrollmechanismen beinhaltet, zu haben. Es bedeutet, einen großen Beitrag zu unserer Lebens- und Beziehungsqualität zu leisten.

Wölfe im Schafspelz oder: Wie ist das mit passiv-aggressiv?

»*Weshalb arbeiten Sie mit uns? Das muss doch schwierig für Sie sein. Haben Sie keine einfacheren Jobs?*« Ich erinnere mich noch so gut an diese Sätze, die im Rahmen einer Teamentwicklung mit Ingenieuren fielen. Die Gruppe bestand aus hoch spezialisierten Technikern und galt als Hochleistungsteam in einem länderübergreifenden Projekt. Anstoß für die Teamentwicklung war die nachlässiger werdende Kommunikation und damit entstandene Lücken in der Kooperation. Der Großteil der Techniker bestand aus ausgesprochenen Alpha-Tieren und das Ziel war, die Wirksamkeit ihres Tuns zu erhöhen. Im Zuge der Analysen war es mein Part, ihre Schwachstellen offenzulegen.

Auf meine Hinweise gab es zwei Arten von Reaktionsmustern. Zum einen ein offen-aggressives: Ich wurde sofort und direkt angegriffen und wir diskutierten und klärten unbeschönigt meine Analysen. Der Ärger und zum Teil sogar Zorn über meine Klarheiten war x-mal zu spüren, denn wer will schon ein Gegenüber, dass die Schwachstellen in der Wirksamkeit aufzeigt und das vor der Gruppe? Dafür braucht es schon sehr viel Reflexions- und Kritikfähigkeit. Dennoch fanden wir stets in der Diskussion zu einem gemeinsamen Resultat. Auf der anderen Seite gab es die passiv-aggressiven Reaktionsmuster: Jene Teammitglieder, die so reagierten, zogen meist sofort der Kopf ein oder drehten ihn weg, die Hände vor der Brust verschränkt. Diese Leute zogen sich innerlich zurück und konfrontierten mich stellvertretend in der Pause mit Sätze wie: »*Sie sind zwar hübsch angezogen, aber für diese Veranstaltung hier nicht gerade passend. Ihre Hose und Ihre Schuhe sind doch viel zu fein. Wir sind doch alle sehr leger hier.*« Auf solche verdeckten Angriffe reagierte ich meist sehr souverän mit: »Finden Sie? Ich fühle mich sehr wohl in meinem Outfit. Fein und bequem!« Oder beim Abendessen gaben sie an, dass kein Platz neben ihnen frei sei, beziehungsweise verweigerten sie mir die Kommunikation. In den jeweils vorgegebenen Gruppenarbeiten begannen die passiv-aggressiven Leute plötzlich zu verzögern, zeigten Widerstände der Aufgabe gegenüber und versuchten, ihren Missmut wie einen Virus in die Gruppe zu streuen. Nachdem ich für diese Verhaltensweisen ein sehr geschultes Auge habe und sie rasch als passiv-aggressiv erkenne, nahm ich mir jeden von ihnen einzeln zur Seite und klärte auf sehr behutsame und sorgsame Art mit ihnen ihre

Wut und ihren Ärger. Bei passiv-aggressiven Persönlichkeiten gehe ich immer mit sehr viel Fingerspitzengefühl heran, damit die nicht »erlaubten« negativen Gefühle doch thematisiert werden können, ohne den Selbstwert und das Selbstbild zu irritieren.

In diesem Erlebnis hatte ich sofort wieder die Erfahrung, dass offen-aggressives Verhalten für mich leichter zu handhaben ist. Denn passiv-aggressives Verhalten ist nicht offensichtlich. Es ist ein spezielles Verhalten, um eben keine direkten Aggressionen zu zeigen.

Wir Psychologen gehen davon aus, dass dies ein erlerntes Verhalten ist und in den Prägungen in der Ursprungsfamilie ihre Basis hat. Wenn du in deiner Entwicklung immer erfahren hast, dass es sanktioniert wird, wenn du Aggressionen zeigst oder es nicht vorgelebt wird, dass Aggressionen auch offen nach außen gezeigt werden dürfen oder aggressive Handlungen stets mit massiven Entwertungen gekoppelt waren, dann wirst du dich großteils hüten, deine Aggressionen zu zeigen. Außer du bist ein Rebell und willst deiner Familie damit deutlich machen: *»Ich mache das anders!«*

Ob du deine Prägung annimmst oder rebellierst, obliegt deiner Persönlichkeitsstruktur, deinem Wesenskern. Es ist die Art und Weise, wie du Erfahrungen verarbeitest und welche Ziele du verfolgst. Wenn du Familien mit mehreren Geschwistern beobachtest, erkennst du oft gegenläufige Entwicklungen trotz ähnlicher Ausgangslage, die mit der jeweiligen Persönlichkeitsstruktur des Kindes beschrieben werden können.

In Summe gehört für mich passiv-aggressives Verhalten zur einer überwiegend erlernten Art der Aggressionshemmung oder zu einer gewissen Art von Hilflosigkeit, Konflikte offen auszutragen. Wer von uns hat schon eine entsprechende Bildung oder ein ausreichendes Training in konstruktivem Konfliktmanagement? Kaum jemand. Wenn wir nicht Vorbilder oder Unterstützer im Umgang mit offenen

Aggressionen oder Angriffen hatten, sind wir oftmals damit überfordert. Alternativ kann es auch sein, dass unsere prosozialen Werte oder unser Bedürfnis nach Anpassung so stark in uns ausgeprägt sind und unser Handeln leiten, dass wir offene Aggressionen nicht zeigen wollen.

Die Zusammenarbeit und das Zusammenleben mit passiv-aggressiven Menschen wird vielfach als anstrengend erlebt, weil wir das, was uns persönlich und emotional betrifft, nicht offen klären können. Passiv-aggressive Menschen haben meist kein konstruktives Gefühls- und Ärgermanagement. Oftmals haben sie durch ihr langjähriges Vermeidungsverhalten ihre echten Gefühle auch abgespalten. Sie finden keinen Weg für eine offene, direkte Konfliktlösung in sich. Es kann auch dazu führen, dass sie ihr Vermeidungsverhalten so weit perfektionieren, dass kaum jemand mehr merkt, dass sie sich belästigt, gekränkt oder ärgerlich fühlen. Doch im Innersten brodelt es, sie sind innerlich wütend, rachsüchtig oder neidisch, ohne dass es der Umwelt oder ihnen selbst bewusst ist.

Ein Weg aus der passiv-aggressiven Welt ist ein ehrlicher Weg in die eigene Gefühlswelt und in einen konstruktiven, offenen Umgang mit Ärger, Wut und Zorn.

Als heimtückisch und unaufrichtig gelten alle Formen passiver Aggressionen. Und Betroffene weisen immer auf die emotionale Bestürzung hin, die dieses Verhalten auslöst. Aggressives Verhalten hat im Hintergrund ja stets die Absicht zu schädigen oder weh zu tun – in diesem Falle verdeckt.

Verdeckte Angriffe – schnell ermittelt

Da unsere Alltage gespickt mit passiv-aggressiven Verhaltensweisen sind, ist es günstig, wenn du dieses Verhalten schnell erkennen kannst. Dies ermöglicht dir, rasch konstruktiv zu handeln und dich nicht in ein Problem verstricken zu lassen.

Als bespielhafte Checkliste für passiv-aggressives Verhalten können dir diese Anhaltspunkte dienen:

- Jemand spricht dich wiederholt in der dritten Person an z.B.: *»Da hat wohl jemand noch viel gutzumachen.«*
- Wenn Körpersprache, und Mimik auf Ärger oder Wut hinweisen, die verbale Mitteilung aber positiv ist. Dann zeigt der Widerspruch, dass etwas nicht stimmt.
- Wenn Aufgaben absichtlich verzögert oder schlampig erledigt werden.
- Wenn bewusstes Schweigen und Ignoranz vorliegen: Dies bedeutet ein bewusstes Entziehen der Beziehung in diesem Moment.
- Verschränkte Arme vor der Brust und stumpfsinniges Kommunizieren, wie z.B.: *»Ja, wird schon stimmen, was Sie sagen.«*
- Einen Konflikt hartnäckig leugnen.
- Abwehrendes Verhalten.
- Indirekte Beleidigungen wie: *»Ich habe gehört, dein Projektbeitrag wurde sehr gelobt. Hast du den wirklich alleine gemacht?«* *»Bist du überzeugt, dass dir dieses Outfit steht? Mir wäre es zu billig.«*
- Nicht eingehaltene Versprechen.
- Sarkastische Antworten: *»Super, dein Bruder hat uns eingeladen. Na, dann, das wird ja wieder einmal ein LUSTIGER Abend.«* Oder: *»Das wollte ich mir auch kaufen, fand aber dann letztlich, dass es zu konservativ aussieht.«*
- Das bewusste Meiden von Personen, über die sich jemand ärgert.
- Verzögerte oder gar keine Informationsweitergabe trotz Wissen um die Bedeutung.

- Im Straßenverkehr im Schneckentempo fahren, damit der Raser nicht vorbeikommt.
- Schlechte Laune verbreiten: z.B. auf harmlose Fragen mürrisch oder genervt zu reagieren, allgemein launisch zu sein.
- Kooperationen verweigern und stur auf dem eigenen Standpunkt beharren.
- Zeitliche Vorgaben sabotieren, statt diese zu besprechen.

Diese Liste kann sicher noch endlos fortgeführt werden. Beobachte deine Mitmenschen. Ziel dieser Übung ist es, Aufmerksamkeit und Sensibilisierung für verdeckte Angriffe herzustellen.

4. Hurra, es gibt sie: die glänzende, positive und gewinnbringende Seite der Aggression

»*Ich konfrontiere stets meine Gegenüber, wenn sie einen unpassenden Weg gehen und zwar unabhängig davon, welchem sozialen und beruflich hierarchischen Status sie angehören.*« *Das ist die Einstellung von Amelie.* Amelie war in der Führungskräfteausbildung die Jüngste der Gruppe. Unser Küken sozusagen. Eine wunderhübsche, smarte und zierlich anmutige Frau Anfang zwanzig. Sie stellte sich der Gruppe mit folgenden Worten vor: »*Guten Tag! Ich bin in diesem Lehrgang, weil mir vor einem Jahr spontan und rasch die Führung eines der größten Operationsbereiches unseres Landes übergeben wurde. Ich arbeitete bis dahin als Operationsschwester. Wir umfassen eine sehr große Anzahl an Operationssälen und ich verantworte mehr als hundert Mitarbeiter. Dazu zählen die unterschiedlichsten Berufsgruppen wie zum Beispiel Chirurgen, Anästhesisten, spezialisierte OP-Pfleger und OP-Schwestern. Der Grund, weshalb ich in die Führung gekommen bin, ist mein konstruktiver Umgang mit kniffligen Situationen. Ich stelle mich diesen direkt, konfrontiere andere, wenn sie einen unpassenden Weg gehen und unabhängig davon, welchem sozialen und professionellen Status ich begegne, ist es meine*

Aufgabe, ein funktionierendes Unternehmen zu betreiben. Ich habe weder eine Führungskräfteausbildung noch das Alter, das mir Autorität verleihen würde. Mir ist ein wertschätzender Umgang auf Augenhöhe wichtig, aber wenn es um die Erreichung wirtschaftlicher und personeller Ziele geht, kann ich gut autoritäres Verhalten zeigen, mich in meine Ziele verbeißen und durchsetzen, was ich brauche. Ich lasse mich nicht über den Tisch ziehen und bleibe hartnäckig. Diese Hartnäckigkeit und meine Konfrontationsfähigkeit bilden meinen Erfolg. Dabei werde ich weder angriffig noch übergriffig und auch von anderen weder so gesehen noch erlebt. Ich bin zwar sehr jung, aber die Unternehmensspitze und meine Vorgesetzte halten mich für geeignet. Und ich konnte diese Eignung im vergangenen Jahr bereits bestätigen. Wir konnten um ein Vielfaches mehr an Operationen durchführen und ich habe dadurch den wirtschaftlichen Erfolg gesteigert. Die Mitarbeiterzufriedenheit ist auf einem so hohem Niveau, wie sie es lange nicht mehr war.«

Mir blieb beim Zuhören der Mund offen und auch der Rest der Gruppe war ergriffen. Diese junge Frau überzeugte aus dem Stand, und zwar im Sinne des Wortes aus dem Stand, denn auch ihre Körperhaltung hatte diese Aufrichtigkeit, Klarheit und Ausstrahlung, die verhieß: »*Ich bin ein fokussierter, klarer, aber auch liebenswerter Mensch.*« Als ich sie in der Pause fragte, wodurch sie in ihrem Leben so klar und durchsetzungsstark geworden ist, antwortetet sie: »*Ich betreibe seit Kindheitstagen Kampfsport und habe es darin sehr weit gebracht. Ich weiß, dass eine gute Vorbereitung der halbe Sieg ist. Ich analysiere meine Gegner punktgenau und weiß, welche Strategien ich benötige, um den Sieg zu erreichen. Darin habe ich mich perfektioniert und auch jahrelang die Menschen studiert. Es ist nichts dem Zufall überlassen, sonst kann ich nicht siegen. Ich arbeite aber niemals gegen meine Gegner, sondern nur mit ihnen. Und da bin ich*

dann schneller, gewandter, besonnener. Das ist meine Stär-
ke, meine Zielgerade und mein Erfolg!«

Nach diesen Worten erkannte ich den Grund, weshalb
diese junge Frau diese verantwortungsvolle und schwierige
Position so gekonnt einnahm. Sie zeigt aggressives Verhalten, aber nicht im Sinne davon, jemanden anzugreifen, jemanden zu vernichten, jemanden zu beschämen oder jemanden anzubrüllen, sondern in konstruktiver Form, nämlich
Dinge in die Hand zu nehmen, anzuführen, aufzugreifen.

Wohin willst du deine Energien lenken?

Unser Wort *Aggression* leitet sich von dem lateinischen Wort
aggressio ab, das dazu passende Verb ist *aggredi*. Dieses
drückt in seiner Bedeutung aus: *auf etwas oder jemanden*
zugehen, herangehen, sich nähern, etwas angehen, auch im
Sinne von Angriff. Der Kerngedanke dieses Wortes und seiner Bedeutung zielt sowohl auf positive als auch auf negative Absichten. Aggression ist demnach von seiner Herkunft
etwas Aktives, Energisches. Es steht für ein Herangehen,
Anpacken, für Tatkraft, Ziele erreichen, Aktivitäten setzen.

Bereits Mahatma Gandhi, Christus, Mutter Teresa,
Martin Luther King hatten negative Gefühle in sich über
Armut, Rassendiskriminierungen, Hunger, Elend uvm. Sie
alle haben aber ihre Energie, die ihre Emotionen in ihnen
hervorgerufen haben, positiv genützt und unsere Welt ein
Stück menschlicher gemacht.[8]

Dieses Verhalten nennen wir positive Aggression. Sie
dient einem Ziel und nicht einem Schaden, einer Vernichtung, einer Demütigung oder einer Beleidigung. Positiv aggressive Menschen sind engagiert, sie kämpfen für etwas. Ihr
Verhalten ist fair und respektvoll.

Zielsetzungen von positiv aggressiven Verhaltensweisen sind häufig:

- Die eigene Kraft und Macht einzusetzen, um gegen Widerstände ein bestimmtes Ziel zu erreichen. Beispiel: andere überzeugen oder auf Ideen abwehrend reagieren. Unbequem sein und nicht alles mit sich machen lassen. Grenzen und ein einfaches Nein setzen, ohne dabei alles zu begründen. Beharrlich bleiben, auch wenn es schwerfällt.

- Eine aussichtslose Situation durch die eigene Kraft zum Besseren zu wenden und die konsequente Verfolgung einer Sache. Beispiel: Wenn jemand sich in ein Ziel regelrecht verbeißt – allerdings im Sinne einer enorm starken Willenskraft, um für etwas zu kämpfen, wie etwa dafür, dass Menschenrechte eingehalten werden, dass Flüchtlingen der Zutritt zu Arbeitsstellen erleichtert wird, dass die Tierhaltung verbessert wird etc.

- Nach einer Niederlage wieder aufzustehen und nicht liegen zu bleiben oder sich geschlagen zu geben. Beispiel: Durchhaltevermögen zeigen, auch dann, wenn es schwierig wird. Mit großer Entschlossenheit dranzubleiben, wenn andere sich bereits bequem an das Scheitern gewöhnen. Das bedeutet Unlustgefühle, Ablenkungen und Stolpersteine auf dem Weg zur Zielerreichung zu überwinden.

- Aufgreifen von Konflikten, um durch eine Lösung Raum für Neues und Innovation zu schaffen. Beispiel: Konflikte und Krisen sind Chancen, Altes loszulassen und Neues zu gewinnen. Dafür brauchen wir Mut im Handeln und einen eisernen Willen, es besser werden zu lassen und neue Wege zu finden.

Überlege an dieser Stelle auch: Wie bewertest du Menschen, denen folgende Eigenschaften zugeschrieben werden?

- erfolgreich
- durchsetzungsstark
- Siegertyp
- behauptet sich
- hat Kampfgeist in sich
- hat Biss
- zeigt sich wehrhaft
- lässt sich nicht über den Tisch ziehen

Ist dein Ergebnis eine positive Bewertung? Dann weißt du wahrscheinlich, dass Talent alleine meist nicht zum Erfolg reicht. Sichtbare, erfolgreiche und in der Welt anerkannte Menschen mussten immer auch um ihre Auszeichnung kämpfen. Und wie das Wort »kämpfen« bereits sagt, beinhaltet es Verhaltensweisen, mit denen wir uns gegen die Konkurrenz durchsetzen. Das bedeutet nicht zwingend, andere zu verletzen oder ihnen wehzutun. Nein, es bedeutet lediglich die Energie, die wir in uns tragen, konstruktiv zu zeigen. Wenn wir nur im stillen Kämmerchen sitzen und schmollen, dass uns niemand entdeckt, dann nutzen uns alle unsere Talente nichts. Es braucht auch jene Energie, die gegen allen Widerstand und über alle Stolpersteine hinweg uns am Handeln sein lässt. Dafür ist es notwendig, Themen in die Hand zu nehmen und diese inhaltlich aufgreifen.

Wechsle deine Perspektive!

Nutze negative Emotionen als Triebwerke für positiv–aggressives Verhalten! Negative Emotionen sind leider zu sehr in Verruf gekommen, weil wir sie entweder nicht wahrhaben wollen, weil sie uns stören oder weil wir sie nicht handhaben können. Aber genau diese sind auch Antrieb für positive Veränderungen.

»Es ist zum Aus-der-Haut-Fahren! Ich mag nicht mehr! Ich habe die Schnauze voll!« Wer kennt sie nicht, diese inneren Kommentare, die wir in Wut, Zorn oder Ärger still oder laut vor uns hin fauchen und brummeln. Manchmal sind der Schmerz, der Stress, die Wut so groß, dass wir innerlich *»explodieren«*. Aber genau diese Explosion, genau dieser Ärger, den wir in so einer Situation spüren, ist gleichzeitig unsere Kraft, die uns antreibt, Entscheidungen zu treffen, Verhaltensweisen zu ändern, Lebenssituationen zu bewältigen, die wir ohne diesen negativen Groll und Zorn in uns niemals geschafft hätten.

Wenn ich Bücher oder Skripte vorbereite, muss ich mich jedes Mal sehr disziplinieren. Ich liebe diese Tätigkeit, aber in jeder dieser Vorbereitungen steckt geballte Konzentration. Je ruhiger die Atmosphäre, desto besser das Ergebnis. Deshalb separiere ich mich bei solchen Tätigkeiten gerne von meiner Umwelt – um ungestört zu sein. Sicher kommen dabei jene Momente, in denen Frust, Zorn oder Ärger mich einnehmen. Ich hadere dann damit, weshalb ich so alleine vor mich hinarbeite – über Wochen – und ich fühle mich kurzfristig sehr einsam und gerate dadurch in mentale Stresssituationen. Dann denke ich: *»Selbst schuld!«* und etwas später erfüllen mich große wütende Gedanken wie: *»Wieso tust du das so? Wieso machst du das nicht besser?«* Wenn ich in dieses Gedankenkarussell gerate, mit all den damit verbundenen negativen Emotionen, weiß ich, dass es an der Zeit ist, etwas dagegen zu unternehmen: Raus aus dem Einzelbüro! Rein in Begegnungen, Bewegungen, Licht und an die frische Luft. Ich nutze diese wütenden Emotionen, um mich in Bewegung zu setzen, spazieren zu gehen oder mit Menschen zu reden, die mir guttun. Ich nutze die Energie für mich, weil ich weiß, wenn ich das nicht tue, verzweifle ich mit mir und die Situation artet in ein großes inneres Drama aus, das auch auf meine Familie abfärbt. Wenn ich diese aufkommenden negativen Gefühle nicht rechtzeitig abfange, wird manchmal mein Frust so groß, dass Streitereien oder Missmut vorprogrammiert sind.

Ärger, Wut und Zorn gehören zu unserer Kraftquellen, wenn wir sie in konstruktives Handeln umwandeln und nicht zu destruktiven Verhaltensweisen ausufern lassen. Unser Ärger bringt Klarheit in unser Leben. Er zeigt auf, er veranschaulicht, er konkretisiert. Deshalb sei wachsam und nutze die Klarheit, die oftmals dein Ärger bringt. Lenke diese Energie und handle positiv-aggressiv!

Aufkeimende negative Gefühle senden Signale

Kennst du das? Du beobachtest dich oder andere Menschen und bemerkst Signale, die eindeutig darauf hindeuten, dass es in uns oder anderen Menschen bereits rumort und ein emotionaler Ausbruch nur noch eine Frage der Zeit ist?

- Typische Aussagen, an denen du Ärger oder anbahnende Eskalationen erkennst, sind:
  - *»Ich gebe und gebe und gebe und es kommt niemals etwas zurück!«*
  - *»Bin ich der Depp für alle?«*
  - *»Kümmern sich alle nur um sich?«*
  - *»Dieser Fiesling – das war mein Parkplatz!«*
  - *»Kann denn der nicht weggehen und muss mir dieser Peiniger immer im Weg stehen!«*
  - *»Ich halte diese Arschlöcher nicht mehr aus!«*
  - *»Das ist völlig idiotisch!«*
  - *»Ihr könnt mich alle mal!«*
  - *»Das gibt's doch gar nicht, dass man so doof ist!«*
  - *»Es interessiert sich sowieso niemand für mich, ist doch scheißegal, was ich mache!«*

- Typische Verhaltensweisen, an denen du Ärger oder anbahnende Eskalationen erkennst, sind:
  - mit den Füßen aufstampfen
  - mit Gegenständen werfen
  - sich abscheulich fühlen
  - andere anmotzen
  - sich deprimiert fühlen
  - die ganze Nacht wach liegen
  - mit den Zähne knirschen
  - laut reden oder schreien
  - Übelkeit empfinden
  - weinen
  - grübeln

Wenn wir diese oben genannten Signale an uns selbst bemerken und es schaffen, in diesen emotionalen Momenten innezuhalten und uns selbst zuzuhören, dann können wir zielorientiert darüber nachdenken:

- Was konkret verärgert mich so?
- Was kann ich verändern, damit es mir wieder besser geht?
- Brauche ich eine Pause?
- Ist meine Einstellung, die ich dieser Situation habe, dienlich?
- Welches Ergebnis wünsche ich mir? Ist das realitätsbezogen?

Der amerikanische Psychologe James Averill fand im Rahmen einer Studie heraus, dass es drei Hauptmotive für unseren Ärger gibt: Der am häufigsten genannte Ärger sind die konstruktiven negativen Emotionen gefolgt vom rachsüchtigen Ärger und schließlich kommt noch der Ärger, bei dem wir Dampf ablassen.

Aufgrund dieser Hinweise ist es sinnvoll, sich zu fragen: *Sind wir vielleicht selbst das Problem?*

Und diese Frage führt uns zu einer nächsten: Ist ein konstruktives Verhalten von uns selbst gewünscht? Oder wollen wir lieber destruktiv handeln?

Deine negative Emotionen leuchten dir immer den Weg zu positiv-aggressiven Verhaltensweisen. Wenn du deinen Ärger analysierst, dann kommst du mitunter auch auf die Frage: Was sagt dieser Ärger konkret über mich aus? Zum Beispiel:

- Will ich immer im Recht sein?
- Müssen meine Bedürfnisse stets sofort erfüllt werden?
- Mache ich mir zu viele Sorgen?
- Bin ich selbstsüchtig?
- Bin ich intolerant?
- Habe ich zu hohe Erwartungen?
- Fühle ich mich schnell verletzt oder angegriffen?

Unser Ärger ist zweifellos unser Spiegel und wenn wir ihn positiv nutzen, ist er ein Katalysator für unser persönliches Wachstum, unsere persönliche Weiterentwicklung.

Nutze die Gunst der Stunde und deine negativen Emotionen für positiv-aggressives Verhalten. Gehe die Dinge an, bringe sie in Lösungen und erreiche deine Ziele!

Schnelle Entlastung gewünscht – positive Aggressionen in der Familie heilen

Aggressionen sind wichtige Teile unseres Familienlebens. Aufgrund unserer unterschiedlichen Persönlichkeiten reagieren wir individuell auf Situationen. Motive für Ärger und Wut sind so vielfältig, wie wir Menschen als Personen sind. Darüber haben wir bereits gesprochen. Aber in der Familie sind wir noch empfindlicher als im Alltag außerhalb dieses engsten Kreises. Wir wollen von denen, die wir lieben und mit denen wir uns verwurzelt fühlen, eindeutig als wertvoll empfunden und als anerkannt erlebt werden.

Nun bringt unser Alltag viele Gründe mit sich, weshalb wir in manchen Momenten weder den anderen als bewusst wertvoll empfinden, noch uns selbst bewusst anerkennen, weil wir an diesem Tag schon so viel erledigt haben, eventuell gescheitert sind, müde sind oder weil uns ein spezielles Verhalten eines Familienmitglieds einfach nervt und schon immer genervt hat. Es gibt Situationen, in denen es schwierig ist, einen gemeinsamen Nenner zu finden und manchmal wollen wir das in der Situation gar nicht, weil wir im Kopf ganz wo anders oder emotional mit uns selbst beschäftigt sind. Dann sitzen wir auf unserer eigenen Insel und wollen in diesen Momenten auch keine Brücke zur Insel des anderen finden. Wir zeigen aggressives Verhalten, in dem wir streiten, muffig sind oder den anderen ignorieren, der uns in diesem Augenblick aber vielleicht emotional oder mental braucht. Wenn wir solche Situationen, in denen das unerfüllte Bedürfnis nach Anerkennung bei unserem Gegenüber vermutlich zu Ärger, Wut oder Aggressionen führt, als gegen uns bewerten, dann kommen wir in negative Gefühlsspiralen. Zeigen wir das wiederum in Form von aggressiven Verhaltensweisen, können wir davon ausgehen, dass sich diese Person *wieder* verletzt, *wieder* weggestoßen, *wieder* nicht gesehen, *wieder* nicht geliebt fühlt. Sie hat ja mit hoher Wahrscheinlichkeit mit ihrem Verhalten nach Zuwendung, nach Wertschätzung, nach Anerkennung gesucht. Aggression entsteht gerade in der Familie aus der Machtlosigkeit heraus. Es regiert die Angst, nicht so anerkannt zu sein, wie man es in diesem Moment möchte und diese emotionale Zurückweisung nicht konstruktiv ansprechen zu können, weil wir Angst vor einer Blamage oder einer Zurückweisung haben oder nicht gelernt haben, wie wir das Thema ansprechen könnten.

Wenn wir diese Aggression positiv aufgreifen und fragen: *Was will uns deine Aggression in der Familie sagen?*

Dann sind wir in der Lage zu erkennen, dass aggressive Gefühle, die in der Familie ausgedrückt werden, meist ein Ausdruck nach Liebe und Anerkennung sind oder nach einem Bedürfnis nach Rückzug und Erholung. Wir können dann diese Grundbedürfnisse, die wir alle in uns haben, positiv aufgreifen, indem wir die Energie nutzen, um unser Zusammensein mit all unserer Gegensätzlichkeit zu stärken. Das bedeutet, wir greifen die negative Energie auf und führen sie in positiv-aggressive Verhaltensweisen. Wir greifen die Themen auf, wir stellen uns diesen, auch wenn sie unangenehm sind, wir bleiben konsequent dran, bis wir Lösungen finden oder eine ehrliche Antwort bekommen haben. Wir nutzen die Wut und klären sie. Wir nutzen diese negativen Emotionen für positiv-aggressives Verhalten im Sinne unseres Wachstums als Familie.

Gewinn und Karriere? Nur wenn du dich mit positiver Aggression hervorhebst!

Stell dir vor, Mitarbeiter hätten keinen Tatendrang, keine Durchsetzungsstärke, keinen Siegerwillen, keine Beharrlichkeit, keinen Mut zu Innovation, keinen Mut, anderen zu widersprechen? Könnte so ein Unternehmen lange existieren? Vermutlich nicht! Brauchen wir nicht Konkurrenzdenken und Konkurrenzhandeln, um besser zu sein, besser zu werden und Innovationen voranzutreiben? Wenn wir alle nur im Dienst-nach-Vorschrift-Modus handeln, wo bleibt dann die Leidenschaft, die Liebe zum Detail, die Liebe zu Neuem? Sind uns nicht starke, dominante Mitarbeiterinnen und Mitarbeiter, die uns kontern, lieber, weil diese es sind, die uns andere Perspektiven aufzeigen, uns zu anderen Wege lenken und unser Potenzial anspornen?

Stell dir vor, Verkäufer bräuchten den Widerstand des

Kunden nicht zum Anlass zu nehmen, sich neue Ideen und neue Überzeugungsargument zu überlegen. Einkäuferinnen würden viel zu viel Geld ausgeben, weil sie nicht passend verhandeln und Lieferanten würden sich über ihr leicht verdientes Geld freuen und alle würden gelangweilt sein. Kunden würden sich als überhebliche Könige aufführen, weil sie niemand hätten, der sich ihnen widersetzt, wenn sie zu fordernd sind. Das wäre eine Welt, in der wir keinen Anlass hätten, auf uns stolz zu sein, uns abends zufrieden zu loben und zu wissen, was unsere Aufgabe im Leben ist. Sinnorientiertes Dasein wäre ohne positive Aggressionen kein Thema.

Somit sind es genau die positiven Aggressionen, die Profit auf beiden Seiten bringen. Dem Unternehmen und der eigenen Persönlichkeit!

Positive Aggressionen überwinden Grenzen und erobern Rekorde

»Was sagt Ihre Mutter dazu, wenn Sie sich so waghalsig den Hang runterstürzen«, fragte eine Journalistin eine sehr erfolgreiche Ski-Rennläuferin[9]. Und sie antwortete: *»Natürlich macht sich meine Mutter Sorgen – ich bin ihr Kind, es ist ihre Aufgabe.«* Die Journalistin: *»Und Sie, ist auch bei Ihnen ein bisschen Sorge um Ihre Gesundheit dabei?«* Die Antwort kam wie aus der Pistole geschossen: *»Wenn ich diese hätte, dürfte ich nicht fahren. Ich stürze mich die Hänge mit den gigantischen Geschwindigkeiten hinunter, weil ich ein Jahr lang mit all meiner Willenskraft an mir und meinen inneren Widerständen arbeite, um diese paar Minuten im Rennen um den Sieg bestmöglich zu gestalten. Ich verhalte mich in jedem Rennen zielsicher, mutig, kämpferisch und wehrhaft. Das ist eine Energie, die ich aus all meinen nicht so gut gelungenen Läufen und dem Ärger, der*

daraus entsteht, nehme. Ich will mehr. Ich will den Sieg, ich will darum kämpfen. Ich will den anderen nicht schaden, ich will mich erobern. Dafür muss ich gut mit mir und meinen Ressourcen umgehen und mich körperlich und mental immer wieder schonen und überwinden. Hätte ich diesen aggressiven Tatendrang nicht in mir, bräuchte ich bei keinem Rennen antreten und wäre auch nicht zugelassen.«

Mit diesen positiven Gedanken zu Aggressionen möchte ich dir mein persönliches Statement zum Abschluss dieses ersten Buchteils mitgeben: Um mich für etwas einzusetzen, mein Potenzial zur Entfaltung zu bringen, Neues zu bewegen, innovativ zu sein, Erfolge und Gewinne zu erzielen, brauche ich sie: diese spezielle Energie, die wir positive Aggression und im alltäglichen Sprachgebrauch oft *Tatendrang* oder *Biss haben* nennen.

Wir sind gewöhnlich keine Terrier, die sich in andere verbeißen, aber Wesen, denen die Entwicklung in die Wiege gelegt ist. Ob wir diese Möglichkeiten nutzen, hängt von uns selbst ab. *Just do it!*

TEIL II

Komm doch mal runter! Ärger, Wut und Aggressionen bewältigen

»Das ist doch unmöglich! Das kann nicht schon wieder sein! Warum lässt er seine Wut immer und immer wieder an mir aus – ich kann nichts dafür – soll er sich doch an jene Person wenden, die seine Anweisungen nicht befolgt und seinen Wutanfall nicht regelmäßig an mir auslassen! Ich weiß ja, ich bin die erste Ansprechperson für ihn. Aber kann er seine Wut nicht woanders abprallen lassen?«

In dieser negativen Erinnerungsenergie begann eine meiner Coaching-Stunden. Fabio war bereits seit Jahren mit der überladenen Aggression seines Vorgesetzten, dem CEO eines großen Konzerns, beschäftigt. Mein Klient kam regelmäßig ins Coaching, um gemeinsam Schutzschirme gegen die Wutanfälle und aggressiven Handlungen seines Chefs zu erarbeiten. Fabio, ein sehr zielstrebiger und erfolgreicher Projektmanager, handhabe neben seinen Projekten die auffällig aggressive Persönlichkeit seines CEOs, dessen Aggressionen eindeutig auf eine pathologisch-narzisstische Persönlichkeitsstruktur hinwiesen. Diese war unter anderem durch emotionale Kälte, Unnahbarkeit und fehlendes Mitgefühl gekennzeichnet. Narzisstisch überzogene Wutanfälle erlebte Fabio fast täglich und er litt seit Jahren unter diesen Umgangsformen. Aber eines war für ihn immer klar: Eine Kündigung wegen seines Chefs kam nicht infrage. Viel zu lange hatte er sich mit eiserner Disziplin in diesem Konzern nach oben gearbeitet. Und alle liebten Fabio. Denn neben seinem schier unbändigem Ehrgeiz war er eine hilfsbereite, offene und kooperative Persönlichkeit. Und Fabio hatte in unseren gemeinsamen Coachingeinheiten bereits sehr viel an psychologischen Schutzschirmen zur Bewältigung von Aggressionen erlernt.

Dazu zählen vor allem: die Dos und die Don'ts …

5. Die absoluten Don'ts im Umgang mit Ärger, Wut und Zorn

Wenn Ärger, Wut und Zorn uns überwältigen, ist es wichtig, einige Grundregeln zu beachten. Es gibt absolute Don'ts in der Reaktion, die wir auf keinen Fall anwenden sollten, wenn wir uns oder der Situation nicht noch weiter schaden wollen.

Wollen wir uns zu Tode ärgern?

Jeder von uns war schon mal stinksauer, verärgert oder wütend. Das ist menschlich und nachvollziehbar. Irgendetwas treibt uns zur Weißglut. Landläufig hören wir dann verschiedene Ratschläge, wie wir mit unserem Ärger Luft machen sollen. Sie lauten zum Beispiel:

- *»Lass den Dampf ab!«*
- *»Lass deinem Ärger freien Lauf!«*
- *»Zeige, wie sauer du bist!«*
- *»Wirf einen Gegenstand oder tritt mit den Füßen gegen die Wand und alsbald wird es dir besser gehen!«*

Hinter diesen Aussagen steht die Annahme, wir könnten unsere negativen Emotionen aus dem Körper werfen wie durch ein offenes Ventil. Wenn wir all das, was sich in uns aufgestaut hat, einfach herausbrüllen oder unsere Wut an einem Sandsack auslassen, mit einem Tennisschläger auf ein Sofa oder einfach mit der Faust auf den Tisch schlagen, dann – so die landläufige Meinung – müsste es uns doch besser gehen. Schließlich haben wir uns so ausreichend abreagiert und damit sollte doch wieder alles im Lot sein. Oder? Eben nicht!

In den Studien zu diesem Thema wurde gerade das Gegenteil bewiesen! Wenn wir losschimpfen oder körperlich aggressive Aktivitäten vollziehen (entweder einer Person gegenüber oder in unserer Fantasie), heizen wir unsere negative Energie auf. Wir kommen oftmals richtig in Fahrt. Wir empfinden allerdings danach weder die erwünschte großartige emotionale Erleichterung noch erwirken wir eine Lösung. Vielleicht sind wir im Anschluss müde und erschöpft, aber das ursprüngliche Thema ist weder aufgelöst noch losgelassen. Ganz im Gegenteil, wir fühlen uns oft noch schlechter. Entweder weil wir es übertrieben haben oder weil die negative Energie nun erst recht länger braucht, bis sie abgekühlt ist.

Der amerikanische Herzspezialist Williams Redford kam zu folgendem Ergebnis: Die Lebenserwartung von Menschen, die ihrem Ärger stets Luft machen, ist geringer als die jener, die den Ärger in sich oder mit anderen klären. Seine konkreten Studien und Ergebnisse dazu hat er in seinem Buch *Anger kills* zusammengefasst.

In diesem Zusammenhang erinnere ich mich noch sehr gut an meine Ausbildung zur Verhaltenstherapeutin, die mittlerweile schon über dreißig Jahre zurückliegt. Im Zuge dieser war eine große Anzahl an Selbsterfahrungseinheiten zu absolvieren, die tiefschürfende Erkenntnisse mit sich brachten. Um nicht nur das Instrumentarium einer einzigen Therapierichtung kennenzulernen, ging ich auch zu einem Therapeuten einer völlig anderen Therapierichtung. Dieser war, wie viele seiner Kollegen damals, fest davon überzeugt, dass das bewusste und intensive Ausagieren und Abreagieren unseres Ärgers und unserer Wut ein wesentliches Element unserer persönlichen Entwicklung sei. Und so forderte er mich auf, meinen Ärger gezielt mit einem Polster auf eine Matratze wegzuschlagen und begleitend dazu verbal alle Wut in mir lauthals hinauszuschreien. Zuallererst war es für mich sehr befremdlich, so etwas neben einer anderen Person zu tun. Aber irgendwie schaffte ich es doch, meine Hemmungen zu überwinden. Ich ließ eine Menge an Ärger und Wut, die ich unreflektiert und unverarbeitet in mir trug, auf die Pölster los und schnalzte sie mit immenser Wucht gegen die Matratze. Begleitet wurde dieses Szenario von laut geschrienen, aggressiven Worten. Ich spürte immer mehr, wie ich in einen regelrechten Wut-Flow geriet. Ich wollte gar nicht mehr aufhören und schrie und tobte durch die Gegend. Irgendwann hörte ich dann auf und spürte, dass ich in diesem Moment durch die negative Energie Themen dramatisiert und ihnen eine Überbewertung gegeben hatte, die sie so nicht in meinem Alltag hatten. Ich war durch den negativen Flow unfair, unkritisch und bösartig geworden. Meine Erinnerungen erhielten Ergänzungen, die niemals so stattgefunden hatten.

Dieses Erlebnis hat mich bis heute geprägt. Ich erinnere mich noch genau, wie verstört ich nach Hause gegangen bin mit dem Geschehen und der Erkenntnis, wie sehr ich mich selbst und die Erinnerungen an andere dramatisiert habe. Denn da war nichts von Abreagieren dabei, sondern nur von einem Aufschäumen, Sich-Aufregen und Ungerecht-Sein.

Der amerikanische Professor Arthur Bohart untersuchte ebenfalls den Abbau von Ärger. Er kam zum Schluss, dass strukturierte Gespräche mit einem Berater Ärger am wirkungsvollsten minderten. Die Begründung liegt darin, dass wir darin auf Verständnis treffen und offen über unsere Gefühle und deren Wirkung sprechen können. An zweiter Stelle kam das ruhige Sitzen und über den Ärger nachzudenken und erst an dritter Stelle das Dampf-Ablassen.

Klärend und strukturiert! So lautet demnach die gewinnbringende Strategie zu einem sinnvollen Umgang mit unseren negativen Emotionen. An anderer Stelle werde ich ausführlich darüber berichten, wie dies auch ohne Berater funktionieren kann. Und in Situationen, in denen unsere negativen Emotionen sehr intensiv und verfahren sind, gibt es auch aus meiner Sicht nur eine Königsdisziplin: Gönne dir eine Beraterstunde! Die gezielte Aufarbeitung von tiefsitzenden negativen Gefühlen, die unser Fass immer wieder zum Überlaufen bringen, ist auch aus meiner persönlichen Vielzahl an positiven Erfahrungen Gold wert.

Grübeleien – übler Zündstoff für Eskalationen

Wer kennt sie nicht? Diese elendslangen Gedankenschleifen und Mutmaßungen, die uns verunsichern, deprimieren und oft noch viel mehr verärgern, als uns lieb ist. Beim Grübeln ziehen wir ein Ereignis ständig wieder aus der Schublade, überdenken es wiederholt neu, durchleben es emotional unzählige Male und entfachen mitunter sogar neue negative Gefühle und Gedanken. Es ist, als würden wir eine Speise, die wir nicht mehr mögen, immer und immer wieder aufwärmen und nach jedem Aufwärmen finden wir noch einen Grund mehr, sie nicht zu mögen. Deshalb kommt sie dann mit voller Wucht in den Eimer!

Grübeln ist eine Form des Nachdenkens ohne zu einer Lösung zu gelangen. Was nicht bedeutet, dass keine Lösungsmöglichkeiten vorhanden sind. Beim *Vor-sich-hin-Brüten* ist der Mensch allerdings in seinen bedrückenden Gedankenschleifen gefangen und findet zu keinem Weg, der in eine Lösung führt.

94

Warum ist das so? Das ist beim Grübeln die zentrale Frage und wir erhoffen uns mit dieser Frage Einsichten in unser Problem. Wir wollen uns mit diesen *Warum*-Einsichten zu innerer Erleichterung und einer Lösung verhelfen. Was wir dabei vergessen? Dass uns die *Warum*-Frage meist zum Opfer gedeihen lässt. Im *Warum* steckt fast immer ein verdeckter Angriff, welcher uns – meist unbewusst – in die Haltung des deprimierten Opfers bringt.

Beispiele für typisch grüblerische »Warum ist das so?«-Fragen sind zum Beispiel:
- »*Warum hat er mich nicht gegrüßt?*«
- »*Warum bekomme ich keine Anerkennung für meine Leistung?*«
- »*Warum beschuldigt sie mich?*«
- »*Warum habe ich nicht auch so ein schönes Auto?*«
- »*Warum habe ich versagt?*«
- »*Warum ist mein Mann noch nicht zu Hause?*«

Diese Fragen lösen vielfach Grübel-Schleifen aus und werden deshalb auch gerne *Grübel-Fragen* genannt. Das Gegenteil zu diesen Grübel-Fragen sind *lösungsorientierte Fragen.*

Wenn wir uns solche lösungsorientierte Fragen im Zusammenhang mit den obigen Themen anschauen, dann kämen wir zu folgenden besseren Formulierungen:
- *Warum hat er mich nicht gegrüßt?* Besser: Was hat ihn dazu bewogen, mich nicht zu grüßen? War ich in letzter Zeit nachlässig ihm gegenüber oder war er einfach nur in seinen Gedanken vertieft? Ich frage ihn, sollte er auch in Zukunft öfters nicht grüßen.
- *Warum bekomme ich keine Anerkennung für meine Leistung?* Besser: War meine Leistung wirklich so gut, wie ich dachte? Lobt er generell weniger? War heute eventuell kein passender Zeitpunkt für Lob? Ich werde

ihn bei passender Gelegenheit fragen, ob er zufrieden mit meiner Leistung war.

- *Warum beschuldigt sie mich?* Besser: Habe ich Unrechtes getan? Gibt sie gerne anderen die Schuld, wenn etwas nicht gut läuft? Falls sie mich wieder beschuldigt, kläre ich das Thema mit ihr.
- *Warum habe ich nicht auch so ein schönes Auto?* Besser: Könnte ich auch so ein schönes Auto haben? Ist dieser Wunsch es mir wert, einen Kredit für so schönes Auto aufzunehmen?
- *Warum habe ich versagt?* Besser: Welche Fehler sind mir unterlaufen? Was muss ich das nächste Mal anders machen? Was muss ich das nächste Mal vermeiden? Wenn ich aus meinen Fehlern lerne, werde ich das nächste Mal erfolgreich sein.
- *Warum ist mein Mann noch nicht zu Hause?* Besser: Hat mein Mann mir von einem Meeting erzählt? Habe ich eine Information verschwitzt? Hat mein Mann heute länger zu tun? Ist mein Mann heute aufgehalten worden? Ich rufe ihn gleich mal an und frage. Sollte ich ihn nicht erreichen, frage ich ihn, wenn wir entspannt zusammensitzen.

Wie du in diesen Beispielen erkennst, laufen wir im Grübel-Modus Gefahr, in einen trübsinnigen Opfer-Modus zu verfallen. In der Lösungssuche befinden wir uns in einem Gestalter-Modus. Beim Gestalten versuche ich, die Situation konkret zu analysieren, um eine lösungsorientierte Antwort zu finden beziehungsweise suche ich nach Unterstützung für eine Lösung. Hier ist die Lösung das Ziel und nicht Mutmaßungen und elendslange Gedankenschleifen. Im Gestalter-Modus bin ich in einem sehr aktiven und zuversichtlichen Findungsprozess.

Zuversicht und Grübeln schließen einander oftmals aus.

In welchem Modus wir uns befinden, darüber geben drei Fragen Auskunft:

- *»Bin ich mit meinen Gedanken einer Lösung nähergekommen?«*
- *»Habe ich Erkenntnisse gewonnen, die mir weiterhelfen?«*
- *»Fühle ich mich gut und sind mein Ärger, meine Niedergeschlagenheit verschwunden oder haben sie nachgelassen?«*

Diese Fragen sind an die Erkenntnisse des Psychologen Tobias Teismann angelehnt, der Distanzierungsstrategien für das Verhindern von Grübeln entwickelte. Er meint dazu: Sollte keine dieser Fragen eindeutig mit einem Ja beantwortet werden, ist Vorsicht geboten. Eventuell bin ich dann noch im negativen Gedankenkarussell verhaftet. Mit diesem verursache ich ein Mehr an Zündstoff für Ärger oder für Niedergeschlagenheit.

Befinde ich mich noch im negativen Gedanken-Brüten, ist ein wesentlicher Schritt, mich von meinen *Gedanken zu distanzieren*, um aus dieser Grübel-Schleife herauszufinden. Das bedeutet, meine Gedanken klar als »Gedanken« zu benennen und nicht als Realität. Konkret können infolge folgende inneren Sätze entstehen:

- *»Ich habe gerade den Gedanken, dass er mich heute nicht gegrüßt hat.«*
- *»Ich habe gerade den Gedanken, versagt zu haben.«*
- *»Ich habe gerade den Gedanken, keine Anerkennung erhalten zu haben.«*

Wenn ich meine Gedanken bewusst benenne, erhalte ich die Fähigkeit, mich innerlich zu distanzieren und wie ein Beobachter auf meine Gedanken zu achten. Wir schaffen uns damit das Bewusstsein, dass sie keine Tatsachen sind, sondern nur eine Wahrnehmung und unsere Form der Interpretation dieser Wahrnehmung. Das bedeutet, diese sind keine objektiv überprüfte Realität.

Kommen wir trotzdem nicht aus dem Brüten heraus, dann hilft die Technik des *Gedanken-Stopps*!

Sprich ein klares Machtwort zu dir: »*STOPP! Es reicht! Aus!*« Anschließend versuche deine Aufmerksamkeit auf ein anders Thema zu lenken, das dich beschäftigt oder das du gerne hast. Zum Beispiel: Schau dir ein guten Film oder ein interessantes Video auf YouTube an, höre Musik, die dich fesselt, lies ein spannendes Buch, konzentriere dich auf die Einkaufsliste der Woche, gehe mit einem Kollegen Kaffee trinken, widme dich Aufgaben, die du gut beherrschst und die dir Freude bereiten. Es ist äußerst sinnvoll, sich mit einem Thema oder einem Kontakt abzulenken, die uns guttun und unsere volle Aufmerksamkeit benötigen.

Unter diesem Blickwinkel teile ich durchwegs die Meinung des amerikanischen Psychologen W. Doyle Gentry, der in den Pausenkürzungen, die in unseren Unternehmen Einzug hielten, einen großen Stressfaktor sieht. Auch aus meiner Sicht sind es gerade die Pausen, in denen Mitarbeiter aus einem Modus des Vor-sich-hin-Grübelns wieder in der Realität ankern können und durch den Austausch mit anderen ihre Gedanken-Spiralen überprüfen und abgleichen können. Oder durch einen kurzen Spaziergang durch die Gänge ihre Gedanken wieder neu ordnen und aufsetzen können, weil alleine der Platzwechsel oftmals zu einem Perspektivenwechsel führt. Solange die Pausenzeiten nicht endlos ausufern, sind es würdige Zeitfenster der Psycho-Hygiene. Wir sollten uns nicht wundern, dass der Ärger, der Stress und die Aggression am Arbeitsplatz als zunehmend belastend erlebt werden. Meine Kunden teilen mir immer häufiger mit den Worten mit »der Ton wird zunehmend rauer«.

Vielleicht wäre es besser sich, zu fragen, wo der Gewinn in den verlorengegangenen Pausen liegt? Sind sie reine »Zeit-Totschläger«? Dann bitte reduziere diese. Sind es Inseln des mitmenschlichen Auftankens, der Erweiterung oder Änderung eingefahrener Sichtweisen oder kreative Gedankenpools? Dann fördere diese und betrachte sie als eindeutigen Gewinn, den du in starren Meeting-Strukturen niemals erzielen kannst.

Emotionslosigkeit killt: Pokerface und geheucheltes Happy-Face

Erich war ein Ass darin, seine Gefühle zu verbergen. Was immer er in seinem Leben erlebt und wahrscheinlich erlitten hatte, verarbeitete er damit, dass er keine persönlichen Informationen freigab. Bis zu dem Tag, an dem Erich seinen ersten Herzinfarkt erlitt und zu seiner völligen Überraschung von einem behandelten Arzt folgende Fragen gestellt bekam: *»Wie gehen Sie mit Ihren Gefühlen um? Können Sie diese konstruktiv zum Ausdruck bringen? Unterdrücken Sie diese oder lassen Sie zu viel Dampf ab?«* Erich wusste sofort, zu welcher Sorte Mensch er gehörte, denn bereits seit Jahren litt er an Symptomen wie starkem Übergewicht, Schlaflosigkeit, Alkoholmissbrauch und Kopfschmerzen.

Die Symptomatik, die ihn in den Herzinfarkt geführt hatte, kann als das Ergebnis langfristig unterdrückter Gefühle betrachtet werden. Es gibt unzählige Studien, die den Zusammenhang zwischen emotionaler und körperlicher Gesundheit untermauern. So wurde festgestellt, dass das Risiko, Raucher zu werden, bei leicht reizbaren Persönlichkeiten um 65 Prozent höher ist als bei nicht leicht reizbaren Persönlichkeiten. Zusätzlich wurde nachgewiesen, dass stark verärgerte Raucher eine Rauchentwöhnung um zwölfmal häufiger abbrachen als nicht verärgerte Raucher. Das Suchtverhalten dürfte somit eine gefühlsdämmende Wirkung zeigen.

Ebenso wurde festgestellt, dass Alkohol vielfach zur Betäubung oder Milderung negativer Gefühle eingesetzt wird. Die meisten Menschen trinken nicht, damit sie sich besser fühlen, sondern um sich weniger schlecht zu fühlen. Genauso missbrauchen wir oftmals unser Essen. Übermäßiges Essen dient bei Millionen von Menschen dazu, Ärger, Wut und negative Emotionen zu besänftigen. Und wer kennt nicht den Rat: »*Beruhige dich, iss ein Stück Schokolade oder einen leckeren Kuchen!*« Übergewicht und andere Süchte sind allzeit beliebte Gefühlsregulierungen, allerdings mit der Konsequenz eines hohen Gesundheitsrisikos.

Wenn wir unsere Emotionen verbergen wollen und damit auch die daraus abzuleitenden Verhaltensweisen, dann setzen wir gerne ein *Pokerface* oder ein *geheucheltes Lächeln* auf. Dabei verfolgen wir das Ziel, keine Informationen über unsere emotionale Befindlichkeit und mögliche Reaktionen zu geben.

Instinktiv wissen wir alle – einmal mehr, einmal weniger gut – die Mimik und Körpersprache unseres Gegenübers zu entschlüsseln. Wie bereits im ersten Teil des Buches erwähnt, ist dies für unser Überleben wichtig und uns kulturunabhängig mitgegeben. Es verhilft uns, aggressives Verteidigungsverhalten oder rasches Fluchtverhalten bei eindeutiger Bedrohung zu setzen.

Was aber tun, wenn wir uns von unserer Chefin, unserem Partner, unserer Kollegin oder unserem Nachbarn bedroht fühlen? Zwar nicht lebensbedrohlich, aber in unseren Zielen, Wünschen oder Bedürfnissen? Erfreulicherweise haben wir großteils gelernt, sofort ein Emotions-Kontrollprogramm in diesen Situationen zu aktivieren. Tun wir das nämlich nicht, riskieren wir eine ungewollte Kündigung, einen Streit, eine Beziehungsschieflage oder anderes. Unsere Fähigkeit, ohne Verzug aggressive Emotionen und aggressives Verhalten zu unterdrücken und ein konstruktives Verhalten zu zeigen, ist für ein langfristig zufriedenstellendes soziales Leben Grundvoraussetzung und Fundament. Was bedeutet das konkret? Wir brauchen eine unmittelbare Emotions- und Gedankenkontrolle, um unsere innersten archaischen Impulse zu kontrollieren. Konkrete Inputs dazu findest du im Kapitel »Sofort!-Maßnahmen!« Haben wir diese Kontrollen nicht oder nicht ausreichend, zählen wir als stete Risikofaktoren für überraschendes Dampf-Ablassen oder für permanente Gefühlsunterdrückung.

Wer von uns hat aber eine allseits gewinnbringende Form der Emotionskontrolle erlernt? Kaum jemand hat »*Fühlen und konstruktives Handeln*« in seiner Schule oder im Job erarbeitet und so sind wir auf unsere Prägungen und die Prägungen unserer Eltern, Großeltern und unsere eigenen meist unreflektierten Erfahrungen angewiesen. Und da greifen wir gerne mal zu einem Pokerface oder einem geheucheltem Happy-Face. Wenn du das ab und zu anwendest, so ist das kein Schaden. Ganz im Gegenteil: Kleine Lügen können ein gutes Auskommen fördern, solange sie nicht manipulieren oder Schaden zufügen.

Als dauerhafte Emotionskontrolle sind sie unbrauchbar. Denn, so wissen die wenigsten, unsere Fähigkeit, innere Impulse zu kontrollieren, nimmt stetig ab, je öfter wir unsere Impulse kontrollieren. Dazu gesellt sich bei den meisten Menschen eine unzureichende Vorstellung, wann sich unsere Selbstkontrolle endgültig erschöpft hat. Das macht uns in Summe anfällig für Fehlverhalten oder gesundheitsschädigende Ersatzhandlungen.

Ein paar Tage ein Pokerface aufzusetzen, kann also durchaus gutgehen, aber mit dauerhaftem Weggrinsen und ständig zur Schau getragener Emotionslosigkeit lässt es sich nicht ohne Folgen leben. Wie aber entkommen wir solchen Dynamiken?

Die Grenzen der Selbstkontrolle erkunden

Kennst du deine persönlichen Grenzen in der Selbstkontrolle und deine gebräuchlichen Gefühlsregulationen ausreichend? Erfolgversprechend im Umgang damit ist es, bewusst und regelmäßig den Alltag zu reflektieren und nachzudenken:

- *Wie viele emotional anspruchsvolle Aufgaben habe ich täglich zu leisten und habe ich einen stressfreien Umgang damit?*
- *Bin ich täglich emotionalen Anstrengungen ausgesetzt? Wenn ja, wie intensiv sind diese? Bringen sie mich aus meiner emotionalen Balance und wenn ja, wie gehe ich damit um?*
- *Habe ich an speziellen Tagen maximal emotionale Anstrengungen zu erleben? Habe ich dafür einen stressfreien Umgang?*
- *Wie reguliere ich meine Gefühle? Setze ich konstruktive Mechanismen oder destruktive Mechanismen ein? Ist mein Verhalten ein Risikofaktor für meine Gesundheit?*

Beachte stets: Je intensiver und öfter du aus deinem emotionalen Selbstkontroll-Behälter schöpfst, desto größer ist das Risiko, einen Kontrollverlust zu erleiden oder gesundheitsschädigendes Verhalten zu setzen. So wie es mein Nachbarin Leon erlebt.

Leon sitzt tagtäglich mit einer Kollegin im Zimmer, die er partout nicht ausstehen kann. Sie ist sehr konkurrenzorientiert, manipulativ und oftmals auch sehr gemein und hinterlistig. All die Klärungsversuche zwischen Leon und ihr haben nichts gebracht und auch ein gemeinsames Gespräch mit dem Chef hinterließ nur kurzfristig eine Erleichterung. Und so befindet sich Leon in seinem Arbeitsalltag stets in einer hohen Selbstkontrolle, um seine Kollegin auszuhalten, ohne ständig in einen offenen Konflikt mit ihr zu geraten. Und das neben seinen fachlichen Aufgaben, die ihn immer wieder sehr herausfordern. Wenn auch noch zusätzlicher Stress aufkommt, hat Leon das Gefühl, die innerliche Anspannung überfordere ihn maßlos, weil sein Selbstkontroll- Behälter so ausgeschöpft ist. Manchmal geht er dann völlig angespannt nach Hause, lässt sich nur noch erschöpft auf sein Sofa fallen und trinkt ein paar Bier. Oder er lässt Dampf ab, bei einer Person, die meistens gar nichts für seine Anspannung kann. Weil Leon ständig aus dem Selbstkontroll-Behälter im Job schöpft, fehlen ihm die notwendigen Ressourcen für einen gelingenden, konstruktiven Alltag.

Können wir unsere positive emotionale Selbstkontrolle erweitern? Die Antwort ist ein eindeutiges Ja für alle. Dazu gibt es ein paar Tipps, die dir helfen:

- *Für Gelassenheit im Alltag sorgen:* Je gelassener du deinen beruflichen Alltag und deine Freizeit gestaltest, desto weniger schöpfst du aus deinem Selbstkontroll-Topf und desto mehr Kapazitäten hast du zur Verfügung. So weit es dir gelingt, halte für dieses Ziel Abstand zu Situationen und Personen, die dir emotionalen Stress verursachen oder schütze dich ausreichend vor diesen.

- *Ausgleichen negativer Belastungen:* Bist du vermehrt emotionalen Belastungen oder einer sehr intensiven emotionalen Belastung ausgesetzt, so ist es sinnvoll, zwischendurch immer wieder bewusst Gelassenheit oder positive Erlebnisse einzubauen. Dazu zählen gute Gespräche mit Menschen, die dir guttun, Erlebnisse oder Tätigkeiten, die dich emotional erfüllen, Bewegung und Entspannungen jeglicher Art. Mittlerweile findest du auch eine Menge an konstruktiven und kostenlosen Apps zur Erreichung emotionaler Entspannung oder innerer Gelassenheit, die du an jedem Ort und zu jeder Zeit anhören kannst. Wenn du emotional sehr herausgefordert bist, ist es gewöhnlich zielführend, sich Hilfe zu gönnen und sich von geführten Meditationen zur Ruhe und damit zu mehr Selbstkontrolle anleiten zu lassen.

- *Die Salamitechnik:* Schon einmal davon gehört? Wollen wir große und komplexe Ziele erreichen, wie zum Beispiel unsere emotionale Belastungen reduzieren, so ist es zielführend, wenn wir das Ziel bestmöglich in kleine, gut verdauliche (also gering belastbare) Handlungsschritte oder Forderungen einteilen. Damit kommt und bleibt unsere Motivation. Zum einen haben wir relativ rasch positive Erlebnisse und zum anderen erschlägt uns das Gesamtziel nicht.

Ich setze die Salamitechnik sehr gerne in meinen Coachings ein. Unabhängig vom Thema ist sie jedes Mal von viel Erfolg gekrönt.

Zur Verdeutlichung: Regelmäßig fragt einer meiner Klienten: *»Wie werde ich emotional gelassener in dem Wahnsinn meines Alltags?«* Würde ich ihm antworten: *»Ändern Sie ab morgen Ihre Ernährungsweise, bauen Sie mehr Bewegung in Ihr Leben ein und kümmern Sie sich aktiv um innere Ausgeglichenheit und Vitalität«*, würde mein Kunde wahrscheinlich sagen: *»Danke, das hört sich gut an, funktioniert aber bei meinem momentanen Workflow sicher nicht.«* Sage ich hingegen: *»Starten wir mal mit dem Thema, die emotionale Gelassenheit zu erhöhen und hören Sie dazu jeden Abend fünf Minuten vor dem Zu-Bett-Gehen eine App«*, dann antwortet der Kunde üblicherweise: *»Okay ... das lässt sich machen.«* Überwiegend beobachte ich, dass die positive Wirkung dieser wenigen Entspannungsminuten so angenehm geworden ist, dass der Kunde von selbst die Zeiten erhöht und nach zusätzlichen Maßnahmen fragt. Und so arbeiten wir uns Stückchen für Stückchen dem Gesamtziel näher.

Dauerhaft stabile Emotionskontrolle bedeutet also, unser Leben mit aktiven konstruktiven Handlungen zu gestalten.

Stell dir vor, du lächelst jedes Mal, wenn dich dein Kollege, mit dem du einen sehr belastenden, ungelösten Konflikt hast, nervt oder du reagierst auf die fast täglichen ungerechtfertigten Beschwerden deiner Partnerin, deines Partners stets nur mit einem Pokerface? Dann leerst du in diesem Moment nicht nur deinen Selbstkontroll-Topf, sondern verdrängst auch zusätzlich noch deine nicht gelebten Gefühle in diesen belastenden Konflikten. Sie nisten sich in das Unterbewusstsein ein und manchmal wachst du nachts unruhig auf, weil dich deine verdrängten Gefühle mit diffusen Bildern und Gedanken wachrütteln.

Und wer kennt sie nicht? Diese ungemütlichen schlaflosen Nächte, in denen in Vergessenheit geglaubte Gedanken und Gefühle sich plötzlich an die Oberfläche des Bewusstseins drängen und wir nicht einordnen können, was diese Bilder und Gedanken da jetzt tun. Für uns waren diese Themen doch schon lange abgehakt. Wir haben uns zwar tagsüber oftmals gefragt, weshalb wir müde oder träge sind und uns so schwer konzentrieren können, aber mit verdrängten Gefühlen hätten wir das nie in Verbindung gebracht. *Achtung! In die Verbannung geschickte Gefühle sind niemals verschollen.* Sie sind nur unterdrückt und wir wissen nicht, wann sie wieder auftauchen beziehungsweise, ob sie sich irgendwo im Körper festsetzen. Immer mehr körperliche Erkrankungen werden mit psychischen Mechanismen in Verbindung gebracht. Zusätzlich ist es uns meist nicht bewusst, was für ein immenser psychischer Kraftakt notwendig ist, um Gefühle zu unterdrücken. Wir verlieren so viel an Energien durch die Unterdrückung, dass wir uns dessen oftmals erst bewusst werden, wenn ein Thema aus welchen Gründen auch immer gelöst werden konnte. So wie bei Julian, der jahrelang eine »Gute Miene zum bösen Spiel« zeigte.

Julian, ein sehr ehrgeiziger und gleichzeitig lustiger junger Mann, erzählte in einem Seminar: »Ihr seht mich hier vital und lustig vor Energie strotzend. Aber das war nicht immer so, obwohl ich noch relativ jung bin. Ich hatte in meinen ersten Jobjahren einen Vorgesetzten, der mich, so oft es ihm möglich war, schikanierte. Zum Hintergrund dieser Geschichte: Ich wurde durch Kontakte meines Vaters in seine Abteilung versetzt. Eine sehr beliebte Abteilung, weil sie einen fachlich ausgezeichneten Ruf hatte und dort zu arbeiten das Trittbrett für weitere Karriereschritte bedeutete. Dass ich die Kontakte meines Vaters nutzte, missfiel meinem Chef und er sperrte mich sofort in seine innere Schublade: »Loser, kann alleine nichts.« Und so verhielt er sich auch mir gegenüber. Da ich weder meinen Vater enttäuschen wollte noch die Chance, in der Abteilung zu arbeiten, verhielt ich mich sehr ruhig und wehrte mich nicht gegen seine direkten und indirekten Angriffe mir gegenüber. Ich zeigte jahrelang tagtäglich ein geheucheltes Lächeln und in Momenten, in denen ich besonders getroffen und verletzt war, ein emotionsloses Pokerface. Ich wollte mit aller Gewalt meine wahren Gefühle verbergen, aus Sorge, ich könnte eine provozierende Handlung setzen und alles hinschmeißen. Aber meine Psyche und mein Körper litten immer mehr. Ich verlor all meine Energie und ging abends lustlos und völlig angespannt nach Hause. Schlafstörungen und Essstörungen waren die Folge. Ich traf mich kaum mehr mit Freunden und meine Hobbys vernachlässigte ich völlig. Ich spürte richtig, wie ich aus dem Gleichgewicht geriet. Nach zwei Jahren entwickelte ich ein gefährliches Magengeschwür. Darauf reagierte ich mit der Kündigung meines Jobs. Ich hatte die Schnauze voll. Ab diesem Tag ging es wieder bergauf mit mir und ich wurde der alte Julian. Fröhlich, lustig, vor Energie strotzend und ich habe eine richtig große Lektion gelernt: emotionsloses Pokerface und geheucheltes Happyface – ja, ab und zu, aber niemals mehr als ständiger Begleiter!«

6. To-dos: Sofort!-Maßnahmen – 3 Faustregeln, um Situationen zu deeskalieren

Gehörst du auch zu den Menschen, die in ersten Sekunden, in denen sich eine Verstimmung bemerkbar macht und zu einem Ärger auswächst, nicht eingreifen? Lässt du das Geschehen in dir ablaufen, ohne einzuschreiten? Wenn Ja, dann bist du eindeutig ein Risikofall für Eskalationen. Wenn du nicht einschreitest, kannst du in Sekundenschnelle mitten in deinen oder fremden Emotionen gefangen sein.

Deshalb: Ändere dein Verhalten – sofort!

In diesem Kapitel erkläre und zeige ich dir Akut-Maßnahmen für den Umgang mit negativen Situationen. Wir haben nicht viel Zeit in jenen Momenten, in denen wir aus der Fassung geraten. Was aber klar ist: Wir müssen diese ersten Sekunden für uns nutzen. Nur wenn wir es beherrschen, in dieser beschränkten Zeit die Zielrichtung vorzugeben, haben wir eine Chance, Eskalationen fernzuhalten. »Wer zögert verliert«, ist ein bekanntes Sprichwort und auch in diesem Thema sehr präsent.

Meine 3 Faustregeln zur Sofort!-Bewältigung von Ärger und Aggressionen lauten:

- *Einsicht:* Lass niemals eine Person oder Situation dich kontrollieren, sondern kontrolliere die Situation!

- *Fokus:* Konzentriere dich auf deine inneren Vorgänge und nicht auf die Umstände (Menschen oder Situationen)!
- *Kontrolle:* Reagiere immer im Sinne deines Zieles und nicht im Sinne deiner Emotion!

Faustregel Nummer 1: Die Einsicht

Alle, die mich kennen, wissen, ich bin eine sehr emotionale Frau und kann, wenn ich es für notwendig halte, aggressives Verhalten zeigen. Eine meiner Lieblingsschauplätze: der Straßenverkehr und die Familie.

Die vier Türen meines Autos verriegeln sich automatisch, wenn ich fahre, deshalb fühle ich mich in meinem Vehikel sehr sicher. Diese Sicherheit bewirkt bei mir eine Offenheit für aggressives Verhalten. Stelle dir dazu vor, was an einem Tag passiert, an dem ich viel um die Ohren habe und mich angespannt fühle. In meiner Auto-Sicherheit genieße ich es richtig, Dampf abzulassen. Im Auto geht dann ein egoistisches Zeitfenster auf, in dem ich mir gestatte, geradezu in meinen Emotionen zu baden und diese der Welt zu zeigen. Irgendetwas in mir hat in diesen Phasen ein immenses Lustgefühl. Wie bei der Rache, eine Schadenfreude! Und ja: Ich liebe es anschließend, zu erzählen, wie mich doch der andere Verkehrsteilnehmer provoziert habe und ich gar nicht anders konnte, als ihm den Stinkefinger zu zeigen und hinter der Windschutzscheibe Wörter aus mir zu lassen, die nicht astrein sind. Ich erkläre, wie rechtens dieses Verhalten doch sei, wenn ich dermaßen provoziert werde. Schließlich muss ich dem anderen doch zeigen. *Mit mir nicht!* In meinen Erzählungen bin ich jedenfalls stets Opfer der Provokationen anderer und geradezu gezwungen, aggressives Verhalten zu zeigen.

Dieselbe Rechtfertigung für aggressives Verhalten gilt in der Familie: Wenn ich müde bin, wenig gegessen und einen anstrengenden Tag hinter mir habe, *brennen mir schnell einmal die Sicherungen* durch. Dann passiert es, dass ich am Nachhauseweg im Supermarkt die Dame vor mir richtig anschnauze und zu Hause im Hausflur bereits einen Schrei loslasse, warum alle wieder einmal die Schuhe hier stehen haben und der Hund in der Hitze draußen glüht. Unreflektiert gestehe ich mir all diese Emotionen zu und natürlich auch, dass daraus aggressives Verhalten meinerseits gerechtfertigt ist.

Aus der Entfernung betrachtet, lebe ich zu diesen Zeitpunkten auf einer kleinen Insel. Offensichtlich völlig alleine und abgespalten von der Außenwelt. Ich sehe weder andere Bewohner und deren Bedürfnisse noch Brücken zu anderen bewohnten Inseln oder sonst wo im Universum Bewohner, auf die ich in diesem Moment Rücksicht nehmen könnte. Ich lasse mich von den Situationen, Personen oder meinen inneren Zuständen derart kontrollieren, dass ich mir das Recht herausnehme, rücksichtslos anderen wehzutun. Basta! Hier bin ich und das habt ihr zu schlucken! Und wenn ihr das nicht tut, können wir uns gerne duellieren! Aber ich habe dieses Recht, denn *ich* bin in Wirklichkeit das Opfer!

Niemals Opfer sein

Wie ihr nun seht, bin ich auch oft in diesen Dramawelten unterwegs. Als Privatperson will ich mich nicht immer kontrollieren und stets Einsicht zeigen. Im Schutze meines Autos und im Schutze meiner Familie geht es schon mal heiß her. Schließlich bin auch ich gerne menschlich und fehlerhaft.

Aber was ich gelernt habe, ist: Ich bin niemals das Opfer der Situationen oder von anderen Personen. Nein. Ich habe zu jedem Zeitpunkt die Verantwortung, sogar wenn ich mich manchmal selbst belüge und damit auch andere. Mit diesen Lügen schädige ich mich wohl am meisten. Wir dürfen unseren aggressiven Gefühlen mal freien Lauf lassen, die Situationen eskalieren– aber wir brauchen die Einsicht, dass wir dabei *niemals Opfer* sind.

Was heißt aber, ich bin niemals Opfer? Es gibt doch immer wieder Situationen, die wir nicht kontrollieren können! Ja, die gibt es, aber wie wir sie sehen, liegt immer im Auge des Betrachters. Will ich alles kontrollieren, komme ich sicherlich in Lebenslagen, in denen ich mich ohnmächtig fühle. Ohne Macht. Konzentriere ich mich hingegen in meinem Leben auf jene Teile, über die ich Kontrolle habe, fühle ich mich als Gestalterin und eben nicht als Opfer.

Keine Kontrolle und keine Macht habe ich etwa über:

- das Verhalten anderer Personen,
- Entscheidungen, zu denen ich keine Befugnis habe,
- den Tod.

Wir können zum Beispiel weder Benzinpreiserhöhungen, großangelegten Personalabbau, die Wahl unseres zynischen Chefs, unsere kleingeistige Tante noch unsere rücksichtslosen Nachbarn kontrollieren.

Die Wahl haben wir sehr wohl aber in unserer Reaktionen auf diese Vorgaben:

- Wir akzeptieren diese und finden einen für uns passenden Umgang: zum Beispiel mit sparsamer Fahrweise, psychologischen Schutzschirmen für unsere Seele oder physischer Distanz.
- Wir bekämpfen die Umstände oder die Personen.
- Wir suchen nach gemeinsam Lösungen, wenn dies möglich ist.

Bereits vor 2000 Jahren vertrat der Philosoph Epiktet die noch heute anerkannte Sichtweise: »*Wir Menschen werden nicht gestört oder zerstört von den Dingen, die uns wider-*

fahren. Sondern von unseren Gedanken und Meinungen über diese Dinge. Wenn wir wütend sind, ängstlich, enttäuscht oder traurig, lass uns das nicht anderen oder der Situation zuschreiben, sondern uns selbst, das heißt: unseren Gedanken und Meinungen.«

Diese Sichtweise hat sehr viel Gehalt. Sie verweist auf die Macht und Kraft unserer Gedanken. Wir sind nur dann von etwas gestört, wenn wir es als Störung betrachten. Und das bedeutet, ein Ereignis wird von uns zur Störung erklärt und ist es in vielen Fällen nicht per se. Natürlich haben wir unsere universellen Gefühle wie Furcht und Wut, die uns vor Bedrohungen warnen. Aber es ist meine Entscheidung, ob ich diese Gefühle mit negativen Gedanken und Sichtweisen nähre und anheize oder sie abkühle.

Ein kleines Beispiel dazu: Ich mag keine Schlangen. Wenn ich in meiner direkten Nähe eine Schlange erblicke, gibt es mir innerlich sofort einen Stoß, mein Körper spannt sich an, ich spüre in der Magengegend Druck und diese Wahrnehmungen bewerte ich als: eklig, unangenehm, Feind, Bedrohung. Aufgrund dieser subjektiven Bewertungen, die noch durch meine Befürchtung, dieses Tier könnte auf mich zukommen, ergänzt werden, komme ich in folgenden inneren Ablauf:

- *Wahrnehmung:* Ich nehme das Tier, meinen Ekel und meine körperlichen Reaktionen wahr. Diese wiederum geben mir Anlass zu negativen Gedanken: »*Grausig! Will ich nicht haben! Soll weggehen! Ich habe Angst! Was ist, wenn die auf mich loszischt?* Aus diesen Gedanken wird ersichtlich: *Ich fühle mich bedroht.*
- *Verhalten:* Meine körperlichen Reaktionen werden aufgrund meiner negativen Bewertungen stärker. Ich erblasse, komme in eine Art Schockstarre. Die Konsequenz: Ich schreie laut »*Hilfe, Hilfe! Das Tier zischt auf mich los*« und zeige allen, die in meiner Umgebung

sind, dass ich mich bedroht fühle. Kurz darauf beginnt sich meine Angst in Ärger zu verwandeln, weil die Menschen in meiner Umgebung mich nicht schnurstracks ernst nehmen, sondern erstmals lächelnd danebenstehen und keine auf mich zuzischende Gefahr entdecken. Ich beginne, meine Umgebung als unempathisch, rücksichtslos und egoistisch zu bewerten. Das macht mich wütend, denn ich nähre meinen Ärger mit den Gedanken: »*Diese fiesen Egomanen, die niemals auf mich achten und immer nur sich im Kopf haben.*« Ich beschimpfe sie und zettle einen Streit wegen der Schlange an. Diese ist gar nicht mehr im Fokus, sondern jene Menschen, die jetzt lachen und mich nicht ernst nehmen. Ich bekämpfe diese und nicht mehr die Schlange. Und plötzlich laufe ich davon. Ich bin von der Schockstarre in den Fluchtmodus gekommen. Denn die Erstarrung aus Angst vor der Schlange hat sich zwar gelöst, aber der Ärger über meine Umgebung treibt mich in die Flucht.

Bewusstseinsübung und Ermittlungsfragen
Kennst du auch solche Situationen wie die eben beschrieebne? Dabei ist es nicht die Situation, sondern unsere Bewertung, die uns in die Gefühle und in ein destruktives Verhalten schlagen. Zu diesem Thema arbeite ich in meinen Seminaren mit einem Übungsblatt. Ich nenne es *Meine Bewertungen und Reaktionsmuster*. Das Ziel ist, meine subjektiven Wahrnehmungen, Bewertungen und mein konkretes Verhalten bewusst zu machen und daraufhin zu hinterfragen:

Versuche folgende Bewusst-*seins*-Übung:
  1. Welche Verhaltensweisen oder Situationsauslöser können mich aus der Fassung bringen?

- Mittelspurschleicher auf der Autobahn? Zuspätkommen? Die Zitierfunktion? Permanente Sticheleien? Manipulationen? Ignoranten? Beleidigte Gesichter?
- Halte deine Provokateure fest und nutze die Antworten als Frühwarnsystem:

. . . .

. . . .

. . . .

2. Wenn mich eine Situation oder Person irritiert, was passiert körperlich in mir? Welche körperlichen Reaktionen zeige ich?
   - Ist es ein Herzklopfen? Schwitze ich? Habe ich einen Druck in der Magengrube? Zittern meine Hände? Bekomme ich rote Flecken im Gesicht oder am Hals?
   - Halte deine körperlichen Reaktionsmuster fest und nutze sie als Frühwarnsystem:

. . . .

. . . .

. . . .

3. Welche Gedanken gehen dir üblicherweise durch den Kopf, wenn du dich irritiert oder angegriffen fühlst?
   - Ich will nicht, dass jemand so mit mir redet! Was bildet die sich ein? Wer ist er, dass er sich das herausnimmt? Ich lasse mir von niemanden so ein Verhalten gefallen! Sicher nicht mit mir! Verpiss dich! Du Arschloch! ...

– Halte deine mentalen Reaktionsmuster fest:

. . . .

. . . .

. . . .

Die Punkte 1 bis 3 fungieren als deine *Frühwarnsysteme*! Sie lassen dich sofort erkennen, ob du ein Risikofaktor hinsichtlich Ärgers oder aggressiven Verhaltens bist. Denn wenn destruktive Gedanken und/oder körperliche Symptome auftreten, ist dein Innerstes in einem hohen Irritations-Modus und du läufst Gefahr, aggressive Handlungen zu setzen.

4. Welche Reaktionen zeigst du, wenn du dich irritiert oder angegriffen fühlst? Was für ein Reaktionstyp bist du?
   – Bleibst du ruhig und besonnen und versuchst, dein Gegenüber zu verstehen? Versuchst du, mit sachlichen Argumenten zu einem Konsens zu finden?
   – Machst du sofort deine inneren Scheuklappen zu und hörst auf, gut zuzuhören? Gehst du in die innere und eventuell auch physische Flucht?
   – Gehst du sofort auf Konfrontationskurs und zeigst dem anderen, dass niemand dich verletzen oder angreifen darf? Konterst du aggressiv?
   – Zeigst du konstruktiv und klar deine Grenzen auf und bleibst gesprächsbereit? Bittest du dein Gegenüber, sein aggressives Verhalten zu mildern bzw. wegzulassen?
   – Halte deine Verhaltens-Reaktionsmuster fest:

. . . .

. . . .

. . . .

Bist du der Überzeugung, dass all deine Reaktionsweisen sinnvoll, konstruktiv und zielführend sind? Wenn Ja, dann herzlichen Glückwunsch! Wenn Nein oder Jein, dann versuche folgende Fragen zu beantworten:

Wie groß ist das Problem? Wie schlimm ist die Konsequenz für mich? Und ehrlich, ein Mittelspurschleicher und eine falsche Zitierfunktion können uns zwar ärgern, aber sie sind keine Probleme, die es wert sind, unseren Blutdruck zu erhöhen und unseren Körper auf Alarmstufe zu bringen.

Es ist sinnvoll, zwischen Dingen, die dir gegen den Strich gehen, und Situationen, die dir viel Energie rauben, zu unterscheiden. Musst du zum Beispiel wiederholte Beleidigungen und Respektlosigkeiten ertragen oder sind es kurze Vorfälle, die dich in die Luft bringen? Bist du ständig von Idioten umzingelt oder geht es nur um kurze Zeitspannen mit diesen und du kannst dann wieder gehen?

Es gibt ein paar *Ermittlungsfragen,* die dir helfen können, sofort auf dem friedlichen Weg zu bleiben:

- Wenn es um eine Person geht, die dich schlecht oder fies behandelt: Macht sie das mit anderen auch oder nur mit dir? Wenn sie es mit anderen auch macht, kannst du von einem *kollektiven Fiesling* ausgehen und dich mit dem Wissen abgrenzen, dass sein Verhalten nicht persönlich gemeint ist.
- Verbringst du viel Zeit mit einem Peiniger oder nur temporär begrenzte Zeitspannen? Wenn es sich nur um kurze Episoden handelt, spanne einfach *psychologische Schutzschirme,* wie im Kapitel »Psychologische Schutzschirme gegen Ärger, Wut und Aggressionen« beschrieben, auf. Handelt es sich um einen dauerhaften Peiniger, dann wende psychologische Schutzschirme und zusätzlich vorausschauendes und vorausplanendes Verhalten an (Kapitel »Selbstwert-Booster«).

- Wie viel Macht besitzt du gegenüber »deinem Tyrannen«? Je weniger Macht du dieser Person gegenüber hast, desto sorgfältiger gilt es, Strategien zu nutzen. Je mächtiger du bist, desto mehr kannst du dich entscheiden, aus der Situation zu gehen oder dich durchzusetzen.

- Hat die Situation etwas mit deinen emotionalen Wunden, deinem Fokus, deinem Energiezustand, deinen Prägungsmustern, deiner Launenhaftigkeit, deinem Temperament oder anderen Ärgermotiven zu tun?

- Musst du immer Recht haben? Bist du vielleicht intolerant? Manchmal geht es in Situationen, die dich verärgern, nicht so sehr um den Inhalt, sondern um Recht und Unrecht – richtig oder falsch. Auch wenn andere Ansichten vorliegen und sie deinen nicht entsprechen, müssen sie nicht unrichtig sein. Sie sind anders und es wert, sie anzuerkennen und die Motive dahinter zu erforschen. Wenn wir uns dafür interessieren, geben wir diesen Wert. Und wer von uns kennt nicht das Sprichwort *»Viele Wege führen nach Rom«*.

- Musst du stets das letzte Wort haben? Wenn wir verärgert sind, wollen wir oft das letzte Wort haben. Demgegenüber steht: Je rascher wir den Ärger hinter uns lassen, desto weniger eskalieren wir. Wenn es um keine weitreichende Entscheidung geht, ist es eine gute Strategie, dem anderen das letzte Wort zu lassen. Rasch!

- Kannst du es einmal nur sein lassen, wie es ist? Auch wenn die Situation gerade ungerecht war, kannst du sie einfach belassen und kommst ohne Rache aus, weil Fehler eben passieren?

- Musst du immer alles bis auf den kleinsten Punkt korrekt in deinem Leben haben?

- Interpretierst du etwas in die Situation, was gar nicht in der Situation vorhanden ist? Zum Beispiel eine Absicht, eine Unterstellung oder einen Angriff?

Mir fällt bei den Ermittlungsfragen immer das Zitat von Robert I. Sutton ein: »*Hüte dich davor, andere vorschnell als Arschloch abzustempeln, doch neige dazu, in dir selbst eines zu sehen.*«

Wenn du all diese Fragen beantwortet hast und du immer noch zu dem Ergebnis kommst, dass es eine Situation oder Person wert ist, ihr Aufmerksamkeit zu geben und in dir Ärger und Aggressionen zu entfachen, dann reagiere mit Akzeptanz. Akzeptanz ist das Gegenteil von Kampf und Widerstand. Natürlich kannst du dich völlig aufreiben und aggressive Verhaltensweisen gegen den Widerling in deiner Abteilung oder gegen die toxischen Maßregelungen deines Nachbarn setzen. Aber was nützen dir diese üblicherweise? Ist es nicht um ein Vielfaches sinnvoller, zuallererst in eine akzeptierende Haltung zu gehen, um in Ruhe alles durchzudenken und zu überlegen, welche Handlungsmöglichkeiten du hast? Zum Beispiel, in eine andere Abteilung zu wechseln, mit dem Mitarbeiter ein gutes Arbeitsverhältnis herzustellen, zu überlegen, wie viele Stunden der Widerling und du gemeinsam verbringen werden und welche psychologischen Schutzschirme du dir aneignen willst?

Einsicht fordert Akzeptanz

Der buddhistische Lehrer Jack Kornfield sagte: »*Die Dinge loszulassen bedeutet nicht, sie loszuwerden. Sie loslassen bedeutet, dass man sie sein lässt.*« Um in den ersten entscheidenden Sekunden nicht in die falsche Richtung abzugleiten, ist neben der Einsicht – dass wir niemals Opfer sind, sondern Gestalter oder Mit-Gestalter –, die Akzeptanz ein wichtiger Wegbegleiter der Einsicht.

Was bedeutet das konkret?

Wenn wir uns schlecht fühlen oder eine Person etwas macht, das wir als nicht gut bewerten oder nicht mögen, passiert üblicherweise Folgendes in uns: Wir formulieren innere Kommentare wie:

- *»Diese gehässige und beleidigende Bemerkung geht doch gar nicht!«*
- *»Was bildet sich die ein, die putzt mich vor allen anderen runter. Das lasse ich nicht auf mir sitzen!«*
- *»Dieser Widerling, nimmt, ohne zu fragen, was mir gehört. Das ist ja unerhört, das zahle ich ihm heim!«*
- *»So eine Frechheit, dieser Unsympath gibt mir schon wieder keine Informationen weiter!«*
- *»Diese Schurkin behandelt mich wie den letzten Dreck. Sicher nicht!«*
- *»Sein Verhalten ist unverschämt, gemein und das letzte: Das zahle ich ihm heim«*

All diese Kommentare führen uns nicht zur Einsicht, dass wir Teil der Situation sind und diese auch kontrollieren können. Nein, sie führen unser Denken in die Richtung: *»Da hat uns wer oder etwas Unrecht getan und zum Opfer gemacht!«* Um aus dieser gedanklich negativen Schiene herauszukommen, brauchen wir die Akzeptanz. Das bedeutet, wir nehmen völlig und uneingeschränkt an, dass diese Episode oder dieses Ereignis in unserem Leben jetzt gerade passiert ist und wir lösen sie von jeglicher Bewertung. Konkret: Anstelle obiger Aussagen tätigen wir diese:

- *»Sie hat gerade eine gemeine Aussage getätigt.«*
- *»Er hat sich wiederholt etwas von mir genommen.«*
- *»Da läuft gerade eine Frechheit, ein Übergriff ab.«*
- *»Sie behandelt mich, als wäre ich ihr Fußabstreifer.«*
- *»Sein Verhalten ist aus meiner Sicht unverschämt.«*

In all diesen Aussagen findet sich kein Widerstand. Das bedeutet nicht, dass wir es gut finden. Nein! Es bedeutet nur, dass wir das Leben in diesem Moment annehmen, so wie es sich uns zeigt. Auch wenn es wehtut und uns wütend macht.

Wir können Geschehenes nicht ungeschehen machen, wir können nur einen Umgang damit festlegen. Zielführend sind die Fragen: »*Was macht dieses Geschehen mit mir?*« »*Was löst dieses Geschehen in mir aus?*« Meist kommt dann als Antwort:

- »*Das tut mir weh.*«
- »*Das wertet mich ab.*«
- »*Das ärgert mich.*«
- »*Das macht mich wütend.*«
- »*Das kränkt mich.*«

Kommen diese Gedanken, sind wir in der Bewertung der Situation. Meist sind wir dann wütend, weil wir eine Absicht hinter dem Verhalten sehen und es als gegen uns gerichtet bewerten.

Würde es dich wütend machen, wenn dein Chef heute borstig und ruppig zu dir ist, er im Allgemeinen aber sehr wertschätzend mit dir umgeht? Wie sieht es aus, wenn du zusätzlich die Information hast, dass seine Frau schwer krank zu Hause liegt und er wegen eines internationalen Meetings noch im Haus bleiben muss? Ich denke, dieses Wissen spielt immer in unsere Interpretationen und Bewertungen in gut – böse, zulässig – unzulässig mit ein. Ebenso haben unsere Erwartungen an eine Person eine Bedeutung. Wer von uns würde sich von seinem Chef an so einem Tag ein gelassenes, wertschätzendes Verhalten erwarten?

Dazu eine enthüllende Frage: Ist deine Erwartung realistisch?

Wahrnehmen, ohne zu bewerten, ist eine Leistung und üblicherweise nicht in unserem alltäglichen, automatisierten Denken enthalten. Wie wir oft erleben, ist unsere Bewertung von unseren Erfahrungen, Kompetenzen, Glaubenssätzen, Ressourcen, Tagesverfassungen u.a. abhängig. Erst wenn wir unsere konkreten automatisierten Gedanken in der Situation erkennen, so wie du es in der Übung vorher gemacht hast, sind wir in der Lage, Eskalationen zu vermeiden. Denn dann sind wir ausreichend vorgewarnt und können uns mit entgegengesetzter Akzeptanz distanzieren.

Hinterfrage stets deine Sichtweisen, Erwartungen und Bewertungen!
Till und Noah sind zu einem gemeinsamen Projekt eingeteilt. Die beiden unterscheiden sich in ihren Persönlichkeiten wie Tag und Nacht. Till ist der detailfixierte Zahlenmensch, der die Dinge sachlich betrachtet und nur an Ergebnissen, Zahlen und Fakten wirkliches Interesse zeigt. Emotionen erlebt er vielfach als störend und als Zeiträuber. Noah ist der kreative Tagträumer, der seine Emotionen gerne zeigt, Fehler als Lernchancen sieht und stets über den Tellerrand sieht. Im Job betrachtet er seine kreative Unordentlichkeit als seinen größten Erfolgsfaktor. Ihre Persönlichkeiten werden im Unternehmen als eine kongeniale Ergänzung eingeschätzt und im Großen und Ganzen sehen das auch die beiden so.

Till, der regelmäßig zu mir ins Coaching kommt, erzählt: *»Jetzt macht er es immer und immer wieder, obwohl ich ihn schon so oft gebeten habe, es nicht zu tun: Er erfindet wieder alles neu und überarbeitet gut bewährte Maßnahmen. Ich bin dadurch mit einem täglichen Mehraufwand konfrontiert, der mich nervt. Er verliert auch ständig die Zahlen aus den Augen. Wir könnten um ein Vielfaches erfolgreicher sein, wenn nicht sogar zahlenmäßig um ein Vielfaches mehr!«* An diesem Punkt frage ich nach: *»Was bedeutet zahlenmäßig erfolgreicher, gibt es auch ein andere Form des Erfolgs?«* Till schweigt und sagte mit gesenktem Kopf: *»Ja, da gibt es schon noch etwas. Noah ist mit seiner Kreativität bahnbrechend. Wir erzeugen Produkte und Prozesse, die es in dieser Form noch nicht gab und die natürlich unsere und neue Kunden stetig auf uns aufmerksam* *machen. Damit brauchen wir uns um den Vertrieb kaum zu kümmern, das Geschäft brummt.«* Ich frage: *»Ja, wo liegt denn dann das große Problem?«* Er antwortet: *»Wir sind bereits so anerkannt, wir könnten jetzt unser Geld in eine massenweise Produktion stecken, wenn Noah nicht ständig etwas Neues einfallen würde und wir dadurch die Prozesse immer wieder überarbeiten müssen.«* Ich frage: *»Wer bestimmt denn, wie vorgegangen wird?«* Und Till antwortet: *»Das ist die falsche Frage, denn Noah hat das Sagen, weil er der kreative Kopf ist.«* Ich antworte: *»Ja, aber er muss doch einen Vorteil haben, sonst wäre er nicht so erfolgreich und hätte nicht so viel Freiraum im Unternehmen.«*

Sukzessive erarbeiteten wir die Vorteile von Noah und was geschah? Till kam zu der Erkenntnis, dass sein Ärger, der sich auf der Sichtweise aufbaute, dass Noah den wirtschaftlichen Erfolg einbremste, sich als nichtig erwies. Denn Noah verhinderte vielleicht die unveränderbare Massenproduktion, aber er zog im Gegenzug Neues und sich vervielfachendes Interesse am Neuen an. So hielten sich die unterschiedlichen Herangehensweisen wieder die Waage. Till wurde in unserem Gespräch klar, dass sein Ärger sich auf einer Verstimmung aufgebaut hatte, die er niemals überprüft hatte.

Hilfreiche Fragen, um zu einem Bewertungs- und Perspektivenwechsel zu kommen, lauten zum Beispiel:

- Was ist geschehen? Was habe ich konkret gehört und konkret gesehen?
- Was hat dieses Erlebnis in mir ausgelöst? Welche Gefühle, welche körperlichen Reaktionen, welche Verhaltensimpulse? Sind diese akzeptierend oder eher eskalierend?
- Was will ich jetzt tun? Will ich das Problem groß werden lassen oder klein halten?

- Welche neuen Gedanken und welchen Blick über den Tellerrand benötige ich für die Akzeptanz und Lösungssuche? Wer kann mich dabei unterstützen?

Oft gehen wir in den Kampf, weil uns Glaubenssätze im Weg stehen – innere Sätze, an die wir glauben und die uns das Gefühl geben, Akzeptanz wäre falsch. Diese können lauten:

- *»Wenn ich mir das gefallen lasse, werde ich vor ihm oder ihr immer als ›Loser‹ oder Weichei dastehen.«*
- *»Ich darf die Verantwortung und Kontrolle niemals abgeben.«*
- *»Niemand darf so mit mir umgehen.«*

Haben wir diese Glaubenssätze je einmal überprüft? Haben wir schon einmal gegenteilig gehandelt und sind dabei als »Loser« ausgestiegen? Oder haben wir die Erfahrung gemacht, dass wir ein besseres Ergebnis erzielten, wenn wir einfach akzeptiert und uns in Ruhe überlegt haben, wie wir mit der Situation umgehen?

Zum Beispiel:
- Wann werde ich mit der Person das Thema besprechen und welche Vorbereitung benötige ich dafür?
- Wen ziehe ich als Verbündeten bei?
- Wie ziehe ich nachhaltig Grenzen?
- Wie vermeide ich künftig solche Szenarien?
- Welchen psychologischen Schutzschirm spanne ich auf?

Es ist sinnvoll, unsere Gefühle immer auf den Wahrheitsgehalt zu überprüfen, sonst laufen wir Gefahr, ein Problem zu erschaffen, das gar keines ist.

Halte kurz inne und schreibe innere Kommentare auf, die dir helfen können, Akzeptanz als besonnene Vorgehensweise zu integrieren:

- Beispiele: Wenn ich akzeptiere, habe ich die ausreichende Distanzierung, um gute Lösungen zu finden. Wer akzeptiert, gewinnt! Akzeptanz hilft!

· ·

· ·

Mir fällt dazu immer das Zitat des Schriftstellers William Faulkner ein: »*Intelligenz ist die Fähigkeit, seine Umgebung zu akzeptieren.*«

Ich kenne Menschen, die greifen andere aggressiv an, weil diese vergessen haben, ihnen etwas auszurichten oder weil sie Dinge an den falschen Platz gelegt haben. Es ist niemals die Situation, die uns beunruhigt, sondern immer die Bewertung, die wir ihr geben. Mit jedem Ärger, mit jeder Wut, mit jeder aggressiven Handlung bringst du deinen Körper in einen Überlebensmodus und kämpfst dann als Resultat mit deiner selbst gemachten inneren Situation.

Gefährlich! – Die Bagatellisierung

Lukas, eine junge Führungskraft, kam mit folgender Beschwerde ins Coaching: »*Ich erreiche mit meinem Team die vorgegeben Abteilungsziele nur, wenn ich einen Teil ihrer Arbeit mache. Nicht, weil die Mannschaft die nötigen Ressourcen nicht hätte, sondern weil meine Leute nicht ausreichend motiviert sind. Sie erzählen mir ständig, dass sie so beschäftigt sind mit all ihren To-dos. Für zusätzliche Aufgaben haben sie keine Zeit und es gibt auch keine Möglichkeiten für weitere Überstunden. Als Konsequenz mache ich halt deren Aufgaben. Aber ich bin ganz sicher, es kommt einmal der Zeitpunkt, da übernimmt das Team alle Aufgaben. Vor zwei Jahren war es um einiges schlimmer. Da habe*

*ich noch viel mehr ihrer Aufgaben übernommen. Irgendwie
geht es halt doch nicht ganz ohne mich, sie brauchen mich.«*
An diesem Punkt hakte ich ein: »*Mir fallen hierzu zwei
Themen auf: 1.: Die Motivation und Arbeitshaltung deines Teams sowie das Verhalten dir gegenüber und 2.: deine
Persönlichkeit. Beide Themen sind für mich verbunden.
In deinen Aussagen spiegelt sich eine Art Retter-Syndrom
wider: ›Irgendwie geht es halt doch nicht ganz ohne mich,
sie brauchen mich‹. Das scheint eine Art Rechtfertigung zu
sein, weshalb du die Arbeit anderer machst und dein Team
gut auf dir abladen kann. Sie führen dich und nicht du sie.
Damit verschlimmerst du das Problem. Denn das Team hat
keinen Anlass, sein Verhalten zu verändern, wenn du gerne
abnimmst und dich gut dabei fühlst. Was sollte sie bewegen,
mehr zu machen? Da ist ja alles im Gleichgewicht. Jeder
hat seine Interessen erfüllt.*« »*Nein!*«, antwortet Lukas
schroff: »*So kann man das aber nicht sehen. Ich mache das
ja nur, weil sie keine Kapazitäten haben.*« Ich sagte: »*Ich
dachte, du erwähntest anfangs Motivationsprobleme und
nicht Kapazitätsprobleme? Das ist ein großer Unterschied.*«
»*Wie meinst du das?*«, fragte Lukas. Ich äußerte: »*Nun ja,
sie müssen nicht mehr machen. Denn außer, dass du sie darauf hinweist, passiert nichts. Du konfrontierst sie anschei-
nend nur über Bitten. Aber eine Bitte ist keine Konfrontation. Eine Konfrontation ist, die Fakten offenzulegen und
über die Ziele zu reden. Und Faktum ist: Ohne dich schaffen sie ihre Aufgaben nicht. Wenn du deinen Part an das
Team abgibst und es weht dir Widerstand entgegen, ist es
dein Job, diesen Widerstand aufzugreifen und in eine Lösung zu führen. Zum Beispiel gibst du bekannt, dich künftig aus den Aufgaben herauszuziehen und sie sollen gemeinsam einen Plan erstellen, wer was bis wann übernimmt.
Du hast entschieden, es muss ohne dich gehen. Sie können
gerne für das gemeinsame Planungsmeeting Bewirtung anfordern, dafür stellst du ihnen Budget zur Verfügung. Der*

Plan muss aber hieb- und stichfest sein, gerne können sie sich bei Fragen an dich wenden. Du erwartest zusätzlich, dass zwei Teamsprecher einen Termin mit dir vereinbaren, um das Ergebnis zu präsentieren. Wenn du dein Team auf diese Art und Weise konfrontierst, gehst du in deine Autorität. Das steht dir zu, denn aus deinen Erzählungen lässt sich ableiten, dass du es bereits mehrfach auf wertschätzender Augenhöhe versucht hast, dein Ziel aber nicht erreichen konntest. Wenn nichts mehr geht, kommt die Autorität. Nicht als negativ aggressives Verhalten, sondern als positiv-aggressives Durchsetzen.«

Genauso wie wir überbewerten können, um ein Problem groß werden zu lassen oder größer als es ist, genauso können wir Probleme zu klein werden lassen und uns leicht über den Tisch ziehen lassen oder nicht mehr ernst genommen werden.

Konfliktscheue oder mangelnde Konfliktbewältigungsinstrumente führen oft zu destruktiven Unterbewertungen: Wir täuschen uns dann gerne selbst mit Aussagen wie:

- *»Es ist doch gar nicht so schlimm.«*: In Wahrheit ist es aber ziemlich übel.
- *»Es ist doch schon viel besser.«*: Obwohl nach wie vor alles im Argen liegt.
- *»Es wird sicher bald alles besser.«*: Nach dem Motto: Die Hoffnung stirbt zuletzt.
- *»Ich warte auf den besten Moment.«*: Wahrscheinlich ewig ...
- *»Ich bin doch keine Mimose, das halte ich schon aus.«*: Finden das andere auch so aushaltbar?
- *»Anderen geht es noch viel beschissener als mir.«*: Ich als Märtyrer.
- *»Ich komm woanders sicher vom Regen in die Traufe.«*: Hast du Alternativen geprüft?

Unterbewertungen werden häufig zu unseren eigenen Feinden! Denn wenn wir durch Bagatellisierungen von unserer Umgebung nicht mehr ernst genommen werden, ausgenutzt werden, als naiv erlebt werden, geraten wir leicht in eine emotionale Schieflage. Es muss nicht alles ausgesprochen sein, um es zu spüren. Wenn wir unseren nicht ausgelebten Ärger dann in einem Besäufnis der besonderen Art ausleben oder Torten und Süßigkeiten wie wild in uns hineinstopfen, um den Ärger nicht zu spüren, wird es gesundheitsschädigend. Es gibt so viele autoaggressive Verhaltensformen, also aggressive Verhaltensweisen, die wir gegen uns selbst richten. Um nur einige zu nennen: Sucht- und Rauschmittelkonsum, Haare ausreißen, mit dem Kopf gegen eine Oberfläche schlagen, das Schlagen des Körpers, Essstörungen, nervöse Ticks, exzessives Nägelkauen, Stottern, Neurodermitis uvm. Wir können also genauso gut unser eigener Feind sein.

Unsere Einsicht ist ein Beginn. Erst wenn wir unsere eigenen Denkmuster gut kennen und uns ihnen ehrlich zuwenden, können wir unseren Ärger und den Ärger des anderen steuern.

Das Wichtigste zur Einsicht

Was machst du aus einer Situation? Ein Problem oder eine Lösungsidee?

- *Niemals Opfer sein!* Wir alle neigen dazu, unsere Verantwortung für unseren Ärger, unsere Wut und unseren Zorn abzugeben. Sie gehört aber nur uns!
- *Du hast immer die Wahl!* Du kannst Fieslinge oder unangenehme Situationen anheizen und bekämpfen oder du akzeptierst sie und hältst nach einer Lösung Ausschau!

- *Ein Hoch auf die Bewertung!* Es ist niemals die Situation oder Person, sondern deine Bewertung, die in dir negative Gefühle und ein destruktives Verhalten auslöst. Weder Über- noch Unterbewertung ist zielführend.
- *Nutze Frühwarnsysteme:*
  - Kenne deine Provokateure und Situationen, die dich aufhetzen und kopple sie mit einem akzeptierenden Mindset.
  - Kenne deine körperlichen Reaktionsmuster und nutze sie als Signale für Irritationen und Risikoverhalten.
  - Kenne deine destruktiven Glaubenssätze und ersetze diese mit bewertungsfreien.
- *Erkenne dein Verhalten im Angriffsfall und überprüfe es auf Tauglichkeit:*
  - Gehst du sofort auf Konfrontationskurs und zeigst dem anderen, dass niemand dich verletzen oder angreifen darf?
  - Setzt du sofort deine inneren Scheuklappen auf und hörst auf, gut zuzuhören?
  - Bleibst du distanziert und besonnen und akzeptierst das Geschehen? Versuchst du mit sachlichen Argumenten zu einer Lösung zu finden?
- *Nutze Ermittlungsfragen:* Zum Beispiel:
  - Distanzierung: kollektiver Fiesling oder persönlicher Peiniger?
  - Schutzschirme oder mehr Strategien? Kurze Episode oder langfristiger Peiniger?
  - Machteinsatz: Nutze deine Macht, wenn du sie brauchst.
  - Bist du das Problem? Rechthaberei, Intoleranz, Müdigkeit, Temperament, ... sind sie dein?
  - Realitätscheck: Ursache und Absicht??
  - Hast du ausreichend Konfliktklärungsinstrumente?
- *Bist du fähig zu akzeptieren?* Akzeptanz braucht Werteneutralität und einen Blick über den Tellerrand. Höre

niemals auf, nach passenden friedlichen Lösungen zu suchen, auch wenn du Hilfe brauchst. Es ist dein Seelenfrieden, den du erhältst!

Faustregel Nummer 2: Der Fokus

Es war die Achtzig-Jahr-Feier meiner Tante Victoria. Was für ein Desaster bahnte sich gleich zu Beginn an! Für die Feier war ein kleines, entzückendes Restaurant mitten in einem Park in Wien reserviert. Ein Ort, der verzaubert. Das Lokal bietet Kapazität für dreißig Leute und war nur für uns reserviert. Für das Essen war ein eigenes Catering organisiert worden, da das Restaurant keine warme Küche anbietet. Der Start war für zwölf Uhr mittags angesetzt und es schien alles perfekt. Um elf Uhr fünfundfünfzig erhielt mein Onkel einen Anruf, dass es einen Überraschungsbesuch geben würde. Alte Freunde meiner Tante aus der Schweiz kämen zur Feier. Und zwar zehn Personen. Sie wären in etwa fünfzehn Minuten vor Ort. Wir alle wussten: Das Lokal lässt keine zehn Personen mehr zu, da der Platz und das Mobiliar dafür fehlten und das Catering für genau dreißig Personen ausgerichtet war. Vor Ort gab es keine Küche. Vielleicht kannst du dir vorstellen, wie in diesem Moment die Stimmung kippte und einige anwesende Personen sehr verärgert reagierten. Sie fragten, weshalb sich Freunde, wenn sie planten, in so hoher Zahl zu kommen, nicht anmeldeten? Sie meinten, *das sei ja bösartig, naiv, unüberlegt, unverantwortlich, eine Zumutung, ein Stress* und vieles mehr. Ich würde sagen neunundneunzig Prozent der Gäste verfielen in negative Emotionen und blieben da richtig gut stecken, mit all ihrer destruktiven Eskalation.
Da ich solche Situationen von meiner Vortragstätigkeit gut kenne, fokussierte ich mich rasch:

- Was spürte ich körperlich? *Anspannung, Herzklopfen, Unruhe, Magendruck.*
- Was dachte ich? *Sind die verrückt, wie stellen die sich das vor?*
- Wie handelte ich? *Starre!*
- Was war mein Ziel? *Akzeptieren im Sinne von Annehmen, Fokussieren und Lösung finden.*

Also war der erste Schritt nach der Einsicht, meine Gedanken zu fokussieren: Was können wir tun, damit diese zehn Personen noch Platz finden und Essen bekommen? Ich ging zur Bedienung und fragte, welche Möglichkeiten wir hätten. Die erste Antwort war: »*Keine! Das ist jetzt auch für uns stressig und ärgerlich, dafür sind wir nicht ausgerichtet! Lassen Sie uns in Ruhe, das geht uns nichts an, wir wollen hier keinen Zusatzaufwand.*« Ich antwortete: »*Das hilft mir jetzt nicht weiter, dass Sie auch noch schlecht gelaunt sind.*« Und schon ging ein verbales Hickhack zwischen uns beiden los. Ich hatte den Fokus wieder verloren und in all der Anspannung musste ich mich wieder an meine Sofort-Maßnahmen-Faustregeln erinnern und fokussierte mich von Neuem:
- Was passiert da gerade: *Ich bin in einem Streit mit dem Personal.*
- Was spüre ich körperlich? *Hohe Anspannung, Herzrasen, Unruhe, Schwitzen, Magendruck.*
- Was denke ich? *Das gibt es ja gar nicht, was will die denn jetzt?*
- Wie handle ich: *Ich streite!*
- Was ist mein Ziel: *Akzeptieren im Sinne von Annehmen, Fokussieren und Lösung finden.*

Und ich konzentrierte mich wieder auf meine Gedanken, um diese zielorientiert zu gestalten. Ich sagte in einem sehr freundlichen Tonfall zu ihr: »*Entschuldigen Sie bitte, ich weiß, dass wir Ihnen jetzt Stress und Ärger machen. Aber es ist so. Die zehn Leute sind auf dem Weg. Können Sie mir bitte helfen? Gibt es irgendwo Stühle und Tische?«* Zuerst Schweigen, strafende Blicke, beleidigtes Gesicht und dann die Antwort: *»Ja, im Keller, wir haben dort Gartenmöbel mit kleinen Stühlen und auch Tischen.«* Ich antwortete: *»Gut, wo können wir diese aufbauen?«* Sie sagte: *»Wir können einen Tisch noch anreihen und die anderen enger sitzen lassen, sodass wir die Leute noch unterbringen. Zusätzliches Essen ist schwierig, das bekommen wir jetzt so schnell nicht. Wir haben aber kalte Küche vor Ort. Ich könnte als Nachspeise noch Käseplatten anrichten und als Vorspiele italienische Variationen. Ich habe auch noch Kuchen hier.«* Ich antwortete: *»Gut, dann her damit. Vielen Dank für Ihre Unterstützung!«* Uns so lösten wir diese Situation.

Fokussieren ist mehr, als sich zu konzentrieren. Es ist ein Bündeln unsere Aufmerksamkeit auf ein bestimmtes Ziel. Im obigen Beispiel war das Ziel, eine Lösung zu finden, um die Anwesenheit der zusätzlichen Personen zu ermöglichen. Hätte mein Ziel gelautet, den unangemeldeten Personen abzusagen, hätte ich einen anderen Fokus und andere Maßnahmen ergriffen. Im Beispiel ist offensichtlich, wie schnell wir von unserem Fokus abzulenken sind, wenn unsere Umgebung uns wieder nervt oder Unvorhergesehenes eintritt. Fokussieren ist eine Leistung, manchmal sogar eine sehr hart erarbeitete Leistung, unsere Aufmerksamkeit dorthin zu lenken, wo wir sie haben wollen. Nämlich auf unser Ziel – uneingeschränkt. Für mich ist es eine Art, Scheuklappen anlegen. Je besser die Scheuklappen angelegt sind, desto mehr blende ich alle Ablenkungen oder Reaktionen und Aktionen meiner Umgebung aus.

Sehr viele Beispiele dafür finden wir auf unseren Kinderspielplätzen. Wenn Kinder in Gefahr geraten und ein Elternteil das erkennt, ergreift er Maßnahmen, unabhängig von seiner Umgebung oder Störfaktoren, um das Kind aus der

Gefahr zu ziehen. In dieser Lage sind alle inneren Sabotagen wie »*Das macht man nicht*«, »*Das gehört sich nicht*«, »*Was sagen da die Leute*« ausgeschaltet. Es geht um ein Ziel: das Kind zu retten – und nur diese Situation wird wahrgenommen. Alles andere ausgeblendet, auch jeder Kommentar.

Dasselbe gilt für den Spitzensport. Wenn sich Spitzensportler ablenken lassen, verlieren sie ihr Ziel aus den Augen. Viele werden bewusst provoziert, um ihren Fokus zu zerstreuen und sie in negativen Emotionen zu verfangen, was den Erfolg beeinträchtigt. Wer von euch, liebe Leserin, lieber Leser, kann sich noch an eine der heißest diskutierten Szenen im Fußballsport erinnern? Frankreichs Superstar Zinedine Zidane wurde derart verbal provoziert, dass er dem Provokateur einen Kopfstoß gab. Das Ziel des Angreifers war erreicht, denn Zidane wurde somit sofort aus mehreren Spiel gezogen. Für die gegnerische Mannschaft ein absoluter Gewinn, denn Zidane galt als einer der besten Spieler.

Im Alltag ist unsere Aufmerksamkeit meist nicht fokussiert gebündelt. Wenn ich Auto fahre, koche oder Zähne putze, bin ich meist in meinen Gedanken auch woanders. Ich überlege zum Beispiel meinen morgigen Tag, wohin wir in Urlaub fahren könnten, was ich am Samstag bei der Party anziehen werde und vieles mehr. Meine Aufmerksamkeit ist gestreut. Und oft sagt meine Tochter: »*Mama, du hörst gerade wieder nicht zu!*« – und wie recht sie doch hat. Selbst in Gesprächen bin ich oftmals sehr unaufmerksam.

Fokus ist die Fähigkeit, die Aufmerksamkeit uneingeschränkt darauf zu bündeln, was uns in diesem Moment wichtig ist. Wenn mein Ziele die Deeskalation oder das Vermeiden von Ärger, Wut und Zorn sind, fokussiere ich nur jene Aspekte der Situation, die diesem Ziel entgegenkommen und nicht jene, die dieses Ziel blockieren.

Das heißt, ich gebe
- der Körpersprache (Lautstärke, bewegende Hände, Mimik ...),
- den verbalen Attacken (demütigende, heruntermachende, entwertende, angriffige, provozierende, unfaire Aussagen),
- den negativen Emotionen (Ärger, Wut, Zorn, Rache) meines Provokateurs keine Aufmerksamkeit.

Ich fokussiere die Situation und die Lösung indem ich mir folgende Fragen stelle:
- Was löst sein Verhalten in mir aus? (Ärger? Wut? Zorn? Akzeptanz?)
- Was ist mein Ziel? (Deeskalation? Vermeidung von Verärgerung?)
- Welches Verhalten fördert mein Ziel? (Echtes Zuhören? Versuchen zu verstehen, worum es geht? Ehrliche Aufmerksamkeit schenken? Lösungsorientierte Fragen stellen?)

Ich bleibe im Fokus auf meinem Ziel und meinem Verhalten, unabhängig davon, wie sehr mein Widerling versucht, mich in seine Emotionen zu verstricken. Wenn ich spüre, ich kann auch nicht mehr bei mir und meinem zielgerichteten Verhalten bleiben, verlasse ich den Raum (innerlich oder äußerlich).

Ich sage dann: »*Aus meiner Sicht kommen wir jetzt zu keinem Konsens. Ich möchte das Gespräch in Ruhe zu einem anderen Zeitpunkt fortsetzen.*« Oder: »*Ich möchte kein Gespräch, das in dieser Art und Weise mir gegenüber stattfindet, führen. Ich denke, es ist besser, wir sprechen zu einem anderen Zeitpunkt weiter.*«

Wenn wir diese Möglichkeiten nicht haben, ist es besser, sich innerlich zu distanzieren und wie ein Theaterbesucher auf einem Logenplatz das Schauspiel zu beobachten. Dabei bist du dir bewusst, dass ein Theaterbesucher niemals auf die Bühne springt und mitspielt. Nein! Das kann er nicht, er kann auch nicht hinausschreien, wie der Schauspieler sich zu verhalten hat. Er kann weder Regie führen noch teilhaben. Er kann nur entscheiden: Flucht, Ablenkung oder Fokus. Wir gehen am Logenplatz also in eine innere Distanz, aus der heraus wir beobachten und diese Beobachtungen wertfrei, akzeptierend in uns festhalten:

- Okay. Er schreit mich jetzt an.
- Okay. Er greift mich jetzt verbal an.
- Okay. Er behandelt mich jetzt unfair.
- Okay. Er stellt mich jetzt bloß.

Mit meinem Fokus der Deeskalation weiß ich, ich gieße jetzt *kein* Öl ins Feuer, denn dann entfache ich eventuell einen Flächenbrand. Das ist nicht mein Ziel. Also fokussiere ich mich und suche alle inneren Kommentare auf, die mir helfen, lösungsorientiert zu blieben. Zum Beispiel:

- *»Wenn die Emotionen abgekühlt sind, versuche ich ein klärendes Gespräch.«*
- *»Ich setze Grenzen, wenn der Übergriff zu weit geht, in dem ich ein STOPP! setze und eine Änderung des Umgangs in dieser Situation einfordere.«*
- *»Ich hüte meine Zunge und sage nicht, was mein Gegenüber irritiert oder anheizt.«*
- *»Wenn ich antworte, antworte ich kurz und sachlich.«*

Wenn ich mich so verhalte, dann geht es in diesem Moment nicht um gut, schlecht, böse, oder brav. Es geht nur um die Frage: *Welches Verhalten bringt mich meinem Ziel näher?*

Alles andere wird ausgeblendet und erhält in diesem Moment keine Aufmerksamkeit. Der Begründer der Hypnotherapie Milton Erickson fasste in seinem Satz *»Energy flows, where attention goes«* gut zusammen, wie vorsichtig wir mit unserer Aufmerksamkeit umgehen sollen. Unsere Aufmerksamkeit bestimmt unsere Handlungen.

Das Wichtigste zum Fokus:
Innehalten – Wahrnehmen – Fokussieren

Fokussieren beginnt mit Innehalten: Stelle dir folgende Fragen:

- Was spüre ich körperlich?
- Was denke ich?
- Wie handle ich?
- Was ist mein Ziel?

Wahrnehmung auf die eigene Person richten:

- Was löst das Verhalten in mir aus?
- Was ist mein Ziel?
- Welches Verhalten fördert mein Ziel?

Fokussieren:

- Emotionen abkühlen lassen, ohne Öl ins Feuer zu gießen.
- Grenzen setzen, wenn Übergriffe zu weit gehen.
- Kurz und sachlich antworten. Kurze Sätze sind die Sprache im Krisenmanagement.

Faustregel Nummer 3: Die Selbstkontrolle

Was für eine Chance! Vor einigen Jahren bot mir ein internationaler Konzern einen wunderschönen Auftrag an. Ich sollte in einem großangelegtem Change-Prozess die Führungskräfte begleiten, um Widerstände und Konflikte flachzuhalten und die Motivation anzukurbeln. Im selben Atemzug wurde mitgeteilt, dass der strategischer Berater Gerhard mit mir gemeinsam das Projekt leiten würde. Ich dachte: *»Wow! Mit Gerhard zu arbeiten, ist sensationell!«* Er hatte am Markt einen sehr guten Ruf. Allerdings hörte ich auch, dass er zwischenmenschlich eine Herausforderung darstellte. Diese bekam ich auch sofort zu spüren. Mitten in den ersten Auftragsklärungen gab mir Gerhard einen Stups auf den Arm und befahl: *»Frau Summhammer, in der Pause treffen wir uns im Nebenraum!«* Sein Tonfall und der Stups waren aggressiv und ich dachte sofort: *»Selbstkontrolle hochfahren!«* Im Nebenzimmer verkündete er mir mit einem körpersprachlichen Macho-Gehabe: *»Nur, damit es zwischen uns beiden klar ist: Ich bin der strategische Berater, ich bin somit mehr wert als Sie und ich möchte, dass sich das auch in unseren Honoraren abbildet. Ich sage Ihnen jetzt die Höhe meines Honorars und Sie werden beim Auftraggeber weniger verlangen als ich. Denn ich bin hier die Nummer Eins! Und Sie kennen sicher meinen Ruf!«*

Kannst du dir einigermaßen vorstellen, was sich in diesem Moment in mir abgespielt hat? Ich ging in Millisekunden in eine extrem hohe Selbstkontrolle, denn ich spürte bereits während er sprach, wie sehr Ärger und Wut in mir aufstiegen über seine überhebliche, entwertende, miesmachende und unterdrückende Art.

In meiner ersten Sofort!-Maßnahme *Einsicht* fragte ich mich: *»Lässt du das jetzt zu einem Problem werden, ist es das wert und riskierst du damit den Auftrag?«* Alternativ: *»Akzeptierst du seine Art und seinen Charakter und lenkst die Situationen mit ihm konstruktiv, indem du all deine psychologischen Schutzschirme aufspannst?«* Ich entschied mich sofort für Variante zwei, denn es war ein toller Auftrag mit vielen Vorteilen für mich.

Deshalb fokussierte ich mich sofort und stellte mir die Frage: *»Was ist jetzt erforderlich, um die Situation zu deeskalieren?«* Die Antwort war: *»Meine Emotionen in den Griff zu bekommen!«*

Ich schlüpfte in Millisekunden auf den Logenplatz (diese Technik wurde bereits in der *Faustregel Einsicht* beschrieben). Von der Loge aus betrachtete ich nun die Bühne und beobachtete akzeptierend, ohne zu werten.

- Hier ist mein Projektpartner.
- Er erklärt gerade, dass er mehr wert ist als ich.
- Er erwartet, dass ich dem zustimme.
- Er zeigt bedrohliche Gebärden.

Durch diese innere sachliche und akzeptierende Beobachtung antwortete ich sachlich und zielbezogen: »*Ich habe Ihr Anliegen gehört. Ich teile Ihren Standpunkt nicht. Ich möchte jetzt wieder zurück zu unserem Auftraggeber gehen.*« Daraufhin baute er sich vor mir auf und schrie mich an: »*Sie können sich doch nicht gegen meine Anordnungen entscheiden, Sie haben schlichtweg das zu tun, was ich vorschlage!*« Ich blieb auf meinem Logenplatz und sah:

- Jetzt tobt der Mann.
- Er schreit mich an.

Ich blieb im Schweigen, denn meine Sichtweise hatte ich ja bereits ausgedrückt und ich hatte zu seinem Anliegen keine offizielle Anweisung erhalten. Ich erwiderte ruhig: »*Ich gehe jetzt.*«

Willst du wissen, wie diese Geschichte weitergegangen ist? Ich habe mich seinem Willen nicht gebeugt und die Stimmung war ab diesem Zeitpunkt eiskalt. Ich stieg in jedem Treffen mit ihm von Anfang an auf den Logenplatz. Im weiteren Projektverlauf mussten wir oftmals miteinander verhandeln, wenn es um Zeitpläne und Vorgaben ging. Auch in diesen Verhandlungen hielt ich seinem hierarchischen Vorgehen stand. Dabei eskalierte ich niemals, egal wie sehr er mich provozierte. Und so machte er eine dauerhafte Erfahrung mit mir: Sie verhandelt sachlich, weder eskaliert sie noch greift sie an. Nach circa einem halben Jahr hatte ich seinen Respekt. Ich bemerkte es, da er eines Tages auf mich zukam und beiläufig meinte: »*Ich habe Sie gestern an einen Auftraggeber empfohlen. Ich schätze Ihre Arbeitsweise sehr.*« Kannst du dir das vorstellen? Ich war in einem kleinen Himmel und in einem Siegesgefühl. Jedes Treffen mit ihm war eine Höchstleistung an Selbstkontrolle und nach jedem gemeinsamen Termin brauchte ich einiges an Zeit, um mich wieder zu erholen und meine Anspannung abflachen zu lassen.

Hohe Selbstkontrolle ist sehr anstrengend, aber wenn sie der Erreichung des Ziels dienlich ist, eine unbezahlbare Strategie, mit der ich schon sehr viele Erfolge beruflich und privat einfahren konnte.

Was bedeutet Selbstkontrolle in diesem Zusammenhang? Selbstkontrolle oder Selbstregulation ist eine Impulskontrolle und bedeutet konkret, sich nicht im Außen festzubeißen, sondern sich selbst in die gewünschte Zielrichtung zu steuern. Wir reagieren üblicherweise reflexartig auf eine Bedrohung oder einen Angriff. Und wie bereits erwähnt, ist es zielführend, die ersten Sekunden einer Situation zu nutzen, um nicht in unsere natürlichen Mechanismen wie Kampf- oder Fluchtverhalten zu verfallen. Deshalb sind die ersten Sofort!-Maßnahmen *Einsicht* und *Fokus*. Diese unterstützen uns, besonnene Handlungen zu erzielen.

Der dritte Schritt in der Handlungskette ist dann das konkrete Verhalten. Hier ist neben dem verbalen auch unser nonverbaler Ausdruck zu beachten. Was hilft es mir, wenn ich mit einem hochaggressivem, lauten Tonfall und wütendem Gesichtsausdruck losbrülle: *»Es passt schon!«* Das ist zwar inhaltlich deeskalierend, aber wenn mein Gegenüber will, hakt es sich an meiner Körpersprache fest und sagt: *»Das glaube ich nicht!«* und beginnt, weiter zu provozieren. Wie wir wissen, ist unsere Selbstkontrolle eingeschränkt und je intensiver wir provoziert werden, desto mehr nehmen wir aus unserem Selbstkontroll-Fass heraus. Dann kann es sein, dass es leer ist, weil wir uns durch unsere nonverbale Sprache immer tiefer verstricken und schließlich nicht mehr genug Kraft für alles Weitere haben. Nachdem mehr als 80 Prozent unserer Kommunikation über nonverbale Signale laufen, ist das ein wesentlicher Teil in unseren eskalierenden und deeskalierenden Dynamiken. Nur wenn verbale und nonverbale Kommunikation großteils übereinstimmen, sind wir glaubhaft und authentisch.

Stell dir vor, du bist einem Streitgespräch und deine Umgebung zeigt folgende Verhaltensweisen:
- Blickkontakt meiden
- ständig auf die Uhr schauen
- hektische Bewegungen: am Kopf kratzen, sich ins Gesicht fahren, Hände vor das Gesicht schlagen, durch die Haare fahren, ständig über das Hemd oder die Bluse streichen.
- Arme verschränken
- enttäuschtes und provozierendes Kopfschütteln
- Mundwinkeln verziehen

Ich vermute, du bist aufgrund dieser Signale irritiert oder genervt und somit in deinem Ärger noch intensiver provoziert.

Wie können wir dem nun entgegenwirken? Aus meiner Erfahrung ist der einfachste Weg, unsere Körpersprache zu lenken, unsere Denkweise. Wenn wir einsichtig und akzeptierend denken, indem wir annehmen, was ist, und daraufhin nach Lösungen Ausschau halten, haben wir einen perfekten Einstieg. Wenn wir dies mit einem Ziel-Fokus und der Überzeugung, dass wir unser Verhalten und die Situation kontrollieren können, koppeln, dann hat unser Körper wohl keinen Grund, Ärger zu verkünden.

Unsere innere Haltung zählt!
Sollten wir uns aber selbst belügen und gar nicht in einer konstruktiven Haltung sein, dann wird Folgendes passieren: Unser Körper wird *re*agieren und nach außen über Gesten

und Mimiken zeigen, was wirklich in uns vorgeht. Und das ist ein entscheidender Punkt. Unsere innere Haltung zählt und steuert!

Gerade in meiner Arbeit mit Führungskräften ist das sehr gut zu spüren, weil diese permanent mit der Steuerung zwischenmenschlicher Dynamiken beauftragt sind. So erzählte mir unlängst die junge, aber bereits sehr reife und reflektierte Führungskraft Charlotte im Online-Coaching: *»Ich habe in meiner Abteilung sehr viele ältere Mitarbeiter und es ist für mich sehr schwierig, Autorität zu zeigen. Deshalb nehmen sie mich oftmals nicht ernst.«* Auf meine Frage, weshalb sie in der Position sei, antwortete sie: *»Ich habe einen hohen Expertenstatus und bin sehr innovativ. In den Potenzialanalysen ist eine hohe Führungskompetenz festgestellt worden und auch ich schätze mich als sehr konfliktstark, durchsetzungsstark und wertschätzend ein.«* Ich: *»Ja, wo liegt denn hier das Problem?«* Sie: *»Ich bin sehr stark im verbalen Auftritt aber aufgrund des Alters der Mitarbeiter nonverbal sehr unterwürfig und demütig. Irgendwie sehe ich immer meine Eltern vor mir und aufgrund meiner sehr autoritären Erziehung bin ich da in einem inneren Zwiespalt. Denn mir wurde Respekt vor dem Alter und der Leistung älterer Menschen eingebläut.«*

Nun war mir alles klar. Charlotte hatte die Prägung, absoluten Respekt vor älteren Menschen zu haben. Sie gestand ihnen Autorität aufgrund ihres Alters zu und kam damit bei jeder Anweisung und in jedem Konflikt in ein inneres Dilemma. Das spürten die Mitarbeiter und nutzten ihr Dilemma für sich.

Als Lösung erarbeiteten wir, dass Respekt zu zeigen und Autorität zu leben keinen Widerspruch darstellen. Respekt zolle ich stets, in dem ich mich bemühe, den Wert der Meinung und Sichtweise des anderen zu verstehen. Dafür muss ich so lange Interesse zeigen und Fragen stellen, bis ich die Bedeutung für die Sache erfasst habe. Ich zeige auch offen meine Anerkennung für die vielen Überlegungen und den Beitrag. Erst dann stelle ich meine Sichtweisen entgegen.

Zum Beispiel: »*Ihre Betrachtungsweise ist sehr logisch, durchdacht und auch gut nachvollziehbar. In meiner Rolle als Führungskraft mit der Verantwortung im Hinblick auf unsere Gesamtziele, muss ich mich allerdings heute anders entscheiden. Danke für Ihren persönlichen Beitrag, der sehr spannende Aspekte in sich trägt.*«

Die Wirkung einer positiven Selbstkontrolle

Nachdem wir alle auch nach unserem Verhalten beurteilt werden, macht es Sinn, darüber nachzudenken, wie wir *re-agieren* beziehungsweise *agieren*. Reagierst du häufig ärgerlich und impulsiv, so ist es sehr wahrscheinlich, dass sich deine Umgebung distanziert. Reagierst du kontrolliert und zielorientiert, schaffst du Vertrauen und Sicherheit.

Was nicht bedeutet, dass es keine Ausnahmen geben darf, in denen ich mich auch mal vom Ärger leiten lasse. Es kommt immer auf das Ausmaß und die Situation an. Ich neige zu Wutausbrüchen, wie bereits beschrieben, im Straßenverkehr und in stabilen Beziehungen wie Partnerschaft, Eltern-Kind-Verhältnis und in Freundschaften. In diesen Beziehungen fühle ich mich sehr sicher, weil ich in diesen sehr viele Gelegenheiten habe, zu geben. Das bedeutet, ich zahle sehr oft mit meinem Tun ein und bekomme auch sehr oft und sehr viel. Und damit haben diese Beziehungen eine sehr stabile Tragfläche. Würde ich allerdings nur aus einer Beziehung nehmen und nicht einzahlen, dann kommen diese Beziehung in eine Schieflage und können zur Konfliktzone werden. Wegen unseres inneren Gerechtigkeitssinnes.

Welche weitreichenden Folgen eine Unbeherrschtheit zu einem falschen Zeitpunkt haben kann, habe ich von einer Seminarteilnehmerin erfahren. Als wir zum Thema Emotionskontrolle kamen, erzählte sie der Gruppe, dass sie viele Jahre auch im Job ihre sehr impulsive Persönlichkeit auslebte. Erfolgreich, aber impulsiv. Bis zu jenem Tag, der sich als Lebenserfahrung in ihr Bewusstsein einbrannte und Wunden hinterließ. Sie reagierte in einer Diskussion mit ihrem Chef sehr aufgebracht. Dieser beendete plötzlich das Gespräch und meinte: »*Heute haben Sie sich zu weit hinausgelehnt. Ich kenne zwar Ihre Impulsivität und weiß, dass der Dampf sich wieder legt, aber mir reicht es jetzt. Sie sind gekündigt.*« Die gesamte Seminargruppe konnte ihre Betroffenheit spüren. Sie äußerte dazu: »*Ab diesem Zeitpunkt habe ich mich beruflich nie mehr unkontrolliert gegeben. Der Schock dieses Erlebnisses kontrolliert mich heute noch täglich.*«

Bevor wir uns unseren Reaktionen ausliefern, sollten wir stets innehalten. Denn jedes Mal, wenn du eskalierst, provozierst du möglicherweise folgendes Verhalten:

- Dein Gegenüber fühlt sich verletzt.
- Dein Gegenüber meidet dich.
- Dein Gegenüber distanziert sich.
- Dein Gegenüber verliert den Respekt.

Eine liebe Kollegin sagte kürzlich in einer Diskussion zum Thema Aggressionen zu mir: »*Die Gefängnisse sind voll mit emotional provozierten Menschen, die unzureichende Selbstkontrolle haben.*« Das ist wohl eine extreme Form der geringen Selbstkontrolle, eine Straftat zu begehen. Aber wir können davon ausgehen, dass viele Straftäter zu geringe Selbstkontrollmechanismen haben.

Tools zur Steigerung unserer Selbstkontrolle

Einfache Tools können dir helfen, die Kurve deiner Selbstkontrolle nach oben steigen zu lassen. Wenn du sie regelmäßig anwendest, wirst du dein Verhalten und deinen Fokus automatisch verändern.

Ärger-Protokolle: In der Arbeit mit meinen Kunden erziele ich sehr gute Erfolge mit den Ärger-Protokollen. Sie erhalten von mir einen Fragen-Katalog und beantworten diesen jeden Abend. Das kostet maximal zehn Minuten Zeit. Das sind zehn Minuten Persönlichkeitsentwicklung, zehn Minuten tägliche Übung, um Eskalationen künftig zu vermeiden oder zu minimieren.

Die Fragen lauten:
- Worüber oder über wen habe ich mich heute geärgert?
- Auf einer Skala von 1 bis 10 wie groß war meine Verärgerung?
- Welche körperlichen Empfindungen hatte ich in der Situation?
- Welche Gedanken gingen mir durch den Kopf?
- Welche akzeptierenden, die Situation annehmenden Gedanken konnte ich in dieser Situation entwickeln (Einsicht)?
- Waren in diesen noch Wertungen enthalten und wenn ja, welche?
- Haben mich die annehmenden Gedanken innerlich beruhigt?
- Konnte ich mich fokussieren durch emotionale Distanz? (Logenplatz)
- Welche Verhaltensweisen habe ich gesetzt?
- Waren diese deeskalierend oder eskalierend?
- Was könnte ich in dieser Situation das nächste Mal besser machen?

Um das Ärger-Protokoll bestmöglich auszufüllen, gebe ich zur Vorbereitung gerne folgende Achtsamkeitsübung mit. Die Dauer der Übung wird damit nicht überschritten, weil die innerliche Vorbereitung die Antworten liefert, die dann nur niedergeschrieben werden.

Achtsamkeitsübung: Ziehe dich für diese Übung an einen Ort zurück, an dem du entspannt und ungestört sitzen oder auch liegen kannst. Schließe deine Augen und atme langsam und bewusst durch. So lange, bis du in eine innere Ruhe und Entspannung kommst. Willst du diese innere Ruhe aktiver herstellen, kannst du dich an ein freudiges Erlebnis der letzten Tage erinnern und in den positiven Gefühlen der Erinnerung so lange schwelgen, bis du dich gut fühlst.

Sobald du entspannt bist, vergegenwärtige dir ein Ereignis des heutigen Tages, mit dem du unzufrieden warst oder das dich verärgerte. Dies kann z.B. eine Diskussion oder ein Konflikt mit einem Kollegen, einer Tante, dem Partner uvm. sein. Oder auch »nur« ein kleines Missgeschick, wie Ketchup-Flecken auf deinem Hemd oder deiner Bluse oder ein vor der Nase weggeschnappter Parkplatz. Rufe dir die einzelnen Bilder dieses Ereignisses vor Augen. Erinnere dich an deine Körperempfindungen, deine Gefühle und Gedanken, die diese Szenen in dir ausgelöst haben. Versuche, die in dir ablaufenden Kommentare zu diesem Ereignis zu erkennen und deine Bewertungen bewusst wahrzunehmen. Bewertungen sind zum Beispiel: *schlecht, unmöglich, böse, unangenehm, geht gar nicht, will ich nicht, darf nicht sein, Fiesling, Widerling, Arschloch* uvm. Versuche dann die Bewertungen in zu akzeptierende, annehmende Gedanken umzuwandeln. Zum Beispiel: »*Sie schrie mich an und es machte mich ärgerlich. Ihre laute Stimme irritierte mich und ihre Inhalte waren aus meiner Sicht falsch.*«

Stelle dir vor, wie die Situation verlaufen wäre, wenn du von Anfang an in einer akzeptierende und fokussierenden

Haltung gewesen wärst und das Erlebnis einfach angenommen hättest, ohne es bewerten und nach einer Lösung gesucht hättest. Welches Verhalten hättest du dann gezeigt und wie wäre die Situation verlaufen?

Wenn du eine passende Haltungsänderung gefunden hast und damit zu einem anderen Ergebnis kommst, dann schreibe jetzt deine Antworten in dein Ärger-Protokoll. Findest du kein konstruktives Ergebnis, starte von vorne und suche deine wertenden Denk- und Handlungsfehler. Wenn du sie selbst nicht finden kannst, sprich mit einer vertrauten Person, vielleicht kann sie dir zu einem Perspektivenwechsel verhelfen.

Durch das reflektierende Analysieren und Aufschreiben verinnerlichen und strukturieren wir unsere Erlebnisse sehr gut. Tägliche Aufzeichnungen sensibilisieren uns auf unser Verhalten. Wenn wir diese Übung ausreichend lange praktizieren, automatisieren wir sie in uns und können sie in Echtzeit, nämlich dann, wenn wir sie brauchen, abrufen.

Für ein konstruktives Verhalten schlage ich auch immer Standardformulierungen vor, damit du sichere Sofort!-Handwerkzeuge hast und nicht lange nachdenken musst.

Zum Beispiel:
- *»Ich sehe das anders (und würde Ihnen das gerne erklären.)«*
- *»Ich möchte über Ihre Idee noch in Ruhe nachdenken.«*
- *»Ich bin noch nicht sicher, ob ich Sie richtig verstanden habe, (könnten Sie mir Ihr Anliegen nochmals erklären?)«*
- *»Mir fällt auf, Sie sind sehr verärgert. Was konkret verärgert Sie so sehr?«*

Das Wichtigste zur Selbstkontrolle

- Geduld haben und üben!
- Setze dich so oft wie möglich auf den Logenplatz und beobachte distanziert und wertfrei das Geschehen.
- Eigne standardisierte Aussagen, wie beispielhaft oben beschrieben, helfen, souverän zu bleiben.
- Nonverbale Signale zählen mehr als verbale – achte auf Einklang!
- Wenn du die Beherrschung zu oft verlierst, riskierst du Beziehungen und Jobs.
- Ein regelmäßiges Ärger-Protokoll hilft dir, Souveränität in Echtzeit zu gewinnen.

Schutzfaktoren in Hochspannungsphasen

Irina rief mich eines Tages an und erzählte weinend: *»Letzte Woche auf der Familienfeier ist etwas Schreckliches passiert. Unsere Großfamilie aus allen Teilen der Welt kam angereist, um die Hochzeit meiner Cousine zu feiern. Dafür wurde sogar eigens ein Hotel angemietet. Am ersten Abend erlebte ich eine intensive emotionale Hochspannung, wie ich sie noch niemals erlebt habe und für die ich mich heute noch schäme. Ich wurde an diesem Abend von vielen Anwesenden gefragt, weshalb die Beziehung zu meinem Exfreund in die Brüche ging und ob ich nach wie vor Kontakt zu seinen Kindern hätte. Da die Trennung noch nicht lange her war, litt ich noch sehr unter darunter und trug deshalb viele Schuldgefühle in mir. Bereits nach ein paar Stunden spürte ich, wie die Fragen meine Anspannung in die Höhe trieben. Ich wollte mich nicht ständig erklären, rechtfertigen oder sonst etwas. Und so kam ich immer mehr in negative, wütende Gedanken und meine körperliche Anspannung stieg und stieg. Dazu trank ich noch ein paar Gläser Rotwein* *und plötzlich wurde aus mir – einer üblicherweise sehr kontrollierten Frau – eine Person, die wirres Zeug redete, andere anschnauzte, und laut und aggressiv wurde. Alles, was ich sagte, war unlogisch, abwehrend, angriffig. Ich hatte aber keinen Zugang mehr zu irgendeiner Art von Selbstkontrolle. Nur Negatives sprudelte aus mir heraus. Als ein paar Familienmitglieder noch fragende Bemerkungen über mein Verhalten machten, warf ich mein Glas Rotwein in die Ecke, nahm eine Flasche Wein, schleuderte diese gegen die Wand und schrie laut: ›Ihr seid alle nur gemein und niederträchtig. Ihr wollt ja nur, dass es keinem besser geht als irgendjemanden von euch! Ihr seid alle Fieslinge und Arschlöcher!‹ Dann lief ich auf mein Zimmer. Ich sperrte mich dort ein und ließ niemanden an mich heran. Nach circa ein bis zwei Stunden hatte ich mich wieder in vollem Ausmaß beruhigt. Allerdings war mein Schamgefühl so hoch, dass ich in meinem Zimmer blieb und am nächsten Tag bald in der Früh abreiste, sodass ich niemandem von der Hochzeitsgesellschaft nochmals begegnete.*

Dieses Beispiel zeigt eine klassische Hochspannungssituation. Irina schlitterte plötzlich in eine maximale emotionale Überforderung und umgangssprachlich ausgedrückt sind ihr *»die Sicherungen durchgebrannt«*. Alle oben genannten Sofort!-Maßnahmen zur Emotionskontrolle können in so einer emotionalen Hochspannungsphase nicht angewendet werden, da es uns darin unmöglich ist, uns infrage zu stellen und zu kontrollieren.

Welche Verhaltensweisen sind also in einer Hochstressphase möglich? Aus meiner Sicht gibt es zwei Möglichkeiten:
- *Möglichkeit eins:* Ich gebe meiner Umgebung die Schuld dafür, dass sie mich in heftige unangenehme Gefühle gestürzt hat und sage zu mir: *»Das habt ihr euch verdient! Wie könnt ihr mich so anzugreifen, bloßstellen,*

erniedrigen! Habt ihr denn gar kein Feingefühl?« Oder:
»Ihr Peiniger, ihr Miesmacher! Ihr seid schuld an diesem Dilemma und müsst dafür büßen!« Ich bin sicher,
du kennst genügend und vielfältigste Formen negativer Schuldzuweisungen. Meist beruhen sie auf hohem
Einfallsreichtum.

- *Möglichkeit zwei:* Ich bin zwar wütend auf meine Umgebung, aber ich löse meinen Ärger, meine Wut, meinen
Zorn auf, ohne direkt anzugreifen. Damit bleibe ich in
meiner Eigenverantwortung, meinen Gefühlen und meinen Taten gegenüber. Ich sage dann zu mir: *»Das war
wirklich eine fiese Sache und herzlos mir gegenüber. Ich
bemühe mich, so schnell es geht, wieder in eine Gelassenheit zu kommen und ich werde die Sache bei der
nächstbesten Gelegenheit ansprechen und meine Grenzen setzen.«*

Weshalb ich die zweite Möglichkeit für sinnvoll halte? Das
lässt sich in einfacher Weise anhand folgender Geschichte
erklären: Seit meiner Kindheit habe ich großen Respekt vor
offenen Gewässern. Jene Stellen, an denen das Wasser sehr
dunkel ist, machen mir richtiggehend Angst und ich komme
in Hochspannungsphasen. Meinen Gedanken kreisen dann
gewohnheitsmäßig in die Richtung: *»Wer weiß, was unter
mir ist? Wer weiß, ob da eine Gefahr lauert? Wer weiß, ob
ich in einer Pflanze hängenbleibe und nicht mehr weiterkomme?«* In gelassenem emotionalen Zustand ist mir sehr
wohl bewusst, dass diese Gedanken irrational sind und ich
lächle darüber, zumal ich mich niemals in gefährlichen Gewässern bewege.

Während meiner Studienzeit ging ich an einem sonnigen Sommertag mit meinen Freunden an den nahegelegenen
See. Wir sonnten uns am lang gezogenen Steg und genossen
das Panorama und unser Dasein. Als ich am Steg stand, gab
mir David laut lachend einen unerwarteten Stoß, mit dem er

mich in den See schubste . Ich geriet sofort in Panik, denn das Wasser war kalt und in diesem Gebirgssee sehr dunkel. Ich konnte keinen Boden unter mir sehen und fing an zu schreien. Zuerst gegen David. Doch dann spürte ich relativ rasch, dass mich dieses Toben gegen David nicht aus dem Wasser zog. Ich musste mich auf mich konzentrieren und darauf, wie ich am raschesten aus dem Wasser kam. Das tat ich auch. Also schwamm ich blitzschnell zur Leiter des Stegs, stieg diese hinauf und ließ mich erschöpft am Steg hinfallen. Als ich mich wieder beruhigt hatte, erzählte ich David von meiner irrationalen Angst vor tiefen und dunkeln Gewässern. Nachdem er mich in der Situation erlebt hatte, war für ihn ab diesem Zeitpunkt alles klar und auch, dass er meine Grenzen überschritten hatte.

Was wäre gewesen, wenn ich in meinen aggressiven Gefühlen und verbalen Attacken David gegenüber geblieben wäre? Irgendwann wäre ich nur noch erschöpft gewesen. Ob das in dieser Situation hilfreich gewesen wäre mit all der Hochspannung in mir? Vielleicht wäre ich sogar in eine gefährliche Situation geraten?

Was in meinem Fall eine reale Gefährdung war, kann auf andere Situationen übertragen, in denen wir in Aggressivität verharren, symbolisch ebenfalls eine Bedrohung sein – in Wut und Ärger anderen gegenüber. Mit dieser Geschichte möchte ich veranschaulichen, wie oft wir hilflos und überraschend von anderen in starke negativen Emotionen geschubst werden: von einem widerlichen Chef, einer bösartigen Kollegin, die uns in den Rücken fällt, einem nörgelndem Kunden, der sich ungerecht behandelt fühlt uvm. Die Entscheidung, wie wir damit umgehen, obliegt immer uns. Wir können stinksauer in unseren negativen Gefühlen baden und mit hitzköpfigem Verhalten reagieren, bis wir mehr Schaden angerichtet haben als dieser anfangs war, nur um uns zu rächen oder das letzte Wort zu haben oder, um Macht auszuüben. Oder wir nehmen die Verantwortung für unsere Befindlichkeit und Anspannung an und ziehen uns selbst aus der Misere, um dann mit geeigneten Methoden den Konflikt zu klären.

Für welche Variante du dich auch immer entscheidest, überlege gut die Wirkung und Konsequenzen deines Verhaltens. Sie sind stets wie ein Bumerang.

Unsere innere Anspannung – ein Frühwarnsignal für Hochspannung

Als unsere *innere Anspannung* bezeichnen wir unseren allgemeinen Erregungszustand. Im Umgang mit Ärger, Wut und Aggressionen gibt uns dieser Zustand klare Hinweise dafür, welche Maßnahmen im Moment für eine Deeskalation möglich und sinnvoll sind beziehungsweise welche nicht zielführend sind.

Für den Einsatz konstruktiver Methoden im Umgang mit Ärger, Wut und Aggressionen ist es sinnvoll, drei Anspannungsniveaus zu unterscheiden.[10]

- *Ein niedriges Niveau:* Hier befinden wir uns üblicherweise in unserer allgemeinen Gelassenheit. Kennzeichen sind: ruhiger Atem, geordnete Gedanken, die Fähigkeit, unsere Gedanken infrage zu stellen, die Fähigkeit, unsere Gefühle zu beobachten, zu differenzieren und zu steuern.
- *Ein mittleres Niveau:* Hier sind wir bereits im subjektiven Bereich, denn jeder Mensch erlebt Anspannung anders. Beispiele für Anspannungen im mittleren Bereich sind: innere Nervosität, Gereiztheit, Herzklopfen, Schwitzen, Zittern, ärgerliche oder wütende Gedanken, aggressive Fantasien. In diesem Niveau gibt es noch eine vorhandenen Fähigkeit zur Selbstkontrolle, zur Einsicht und zum Fokussieren.

● *Ein hohes Niveau:* Dieses beinhaltet das Gefühl der eindeutigen Überforderung. Kennzeichen sind die Unfähigkeit, klare Gedanken zu setzen oder Gedanken zu ordnen beziehungsweise zu verändern. Auch unsere Gefühle empfinden wir als sehr diffus und wir fühlen uns von ihnen intensiv eingenommen. Wir differenzieren nicht mehr in »*ich* und meine Gefühle« wie zum Beispiel »*Ich spüre Wut in mir*«, »*Ich fühle mich genervt*«, sondern wir empfinden uns als Ganzes wütend, die Wut hat uns vollends eingenommen. In dieser Hochspannung sprechen wir von einem Zustand der Krise. Unser Denken ist ausschließlich darauf ausgerichtet, wie wir den Zustand so rasch wie möglich beenden können. Das Ziel ist nicht mehr, wie wir ihn konstruktiv lenken können.

In Hochstress-Phasen einen Schlussstrich ziehen!

Kennst du Lebensphasen, in denen du dich über einen längeren Zeitraum in einem mittleren Anspannungsniveau aufhältst? Gereiztheit, Nervosität, schlechte Laune geringe Belastbarkeit charakterisieren deinen Alltag. Und dann plötzlich kommt noch ein emotional schwieriges Erlebnis in den Tag. Es werden dir zum Beispiel ungerechterweise Fehler und Schwächen in die Schuhe geschoben, in den sozialen Medien kursieren Gerüchte über dich, dein Chef hetzt mit negativen und gehässigen Anschuldigungen gegen dich und vieles mehr. Diese zusätzlich Belastungen wachsen sich mit den bereits vorhandenen Anspannungen in eine Überforderung aus und du schlitterst plötzlich in eine Hochspannungsphase.

So wie es Irina ergangen ist. In der Analyse ihrer Hochspannungsphase und deren Entstehung wurde plötzlich sehr deutlich, dass sich Irina schon längere Zeit aufgrund ihrer Trennung in einem mittleren Anspannungsniveau befunden hatte. Und zwar über Wochen hinweg, was bedeutet, dass ihre innere Belastbarkeit zum Zeitpunkt der Familienfeier bereits sehr eingeschränkt war und ein Risiko für falsches Verhalten unter emotionaler Belastung darstellte. Irina hätte deshalb sofort die Gespräche um ihre Trennung beenden müssen, um ihre Aufmerksamkeit bewusst nach außen zu lenken. Sie hätte einen Spaziergang machen können, aufs Zimmer gehen und einen Lieblingsfilm schauen, um erst zurückzukehren, wenn sie wieder in mittlerer Anspannung angekommen wäre. Von diesem Anspannungsniveau aus hätte sie das Thema abwehren und Grenzen setzen können.

Hochspannungsgeschichten erleben wir oftmals im Job. Andreas ist Leiter einer Kreativ- und Innovations-Abteilung eines Kleinbetriebs. Er erhielt für sein Wirken bereits sehr viele Auszeichnungen und zählt innerhalb seines Bereiches zu einer der innovativsten und besten Führungskräfte des Landes. Sein Ruf eilt ihm voraus. Alles lief wie am Schnürchen bis zu dem Zeitpunkt, als eine neue Marketing- und Vertriebsabteilung aufgebaut wurde und Lena diese übernahm. Lena war noch nicht lange in der Firma und eine junge, ambitionierte Kraft, die andere sehr gut zu manipulieren wusste, um ihren Kopf durchzusetzen. Die Zusammenarbeit mit Andreas entwickelte sich relativ rasch zunehmend schwieriger. Andreas war es nicht gewöhnt, so stark infrage gestellt zu werden, denn Lena setzte ihre Marketing- und Vertriebsziele über die Kreativität und verlangte von Andreas, ihr zuzuarbeiten, indem er ihr dabei helfen sollte, jene Designs umzusetzen, die sie als vertriebsstark erachtete. Andreas litt unter dieser Situation, denn sie entwertete seinen lang aufgebauten Status und die Anerkennung, die er für sich und sein Team erarbeitet hatte. Es kam immer wieder zu harten Diskussionen und Positionskämpfen. Andreas, ein ruhiger und introvertierter Mensch, der Konflikte hasst, wurde zunehmend angespannter. Von der Geschäftsführung erhielt er allerdings keine Rückendeckung, denn Lena war die Enkeltochter des Eigentümers. Eines Tages gab es wieder einmal eine sehr unangenehme Diskussion zwischen Lena und Andreas. Andreas geriet dabei in Hochspannung und es entkamen ihm sehr böse, wütende, geringschätzende und rücksichtslose Worte Lena gegenüber. Anschließend ging er nach Hause und kam nie mehr zurück. Anfangs ließ er sich krankschreiben, aber dann entschied er, sich Lena nicht mehr zu stellen und verließ das Unternehmen. Seine Kündigung war ein großer Schock und bedeutete auch Schaden für das Unternehmen.

Andreas erzählte im Coaching, er habe sich aufgrund von Lenas Status ohnmächtig und hilflos gefühlt. Lange Zeit, so lange, bis die Anspannung immer öfter in Hochspannung ausartete und er sich in Situationen befand, in denen es ihm immer mieser erging.

Auf die Frage, ob er sich eine moderierte Konfliktlösung hätte vorstellen können, antwortete er: »*Weißt du, ich bin am Markt eine sehr gefragte Führungskraft. Ich muss mich dem nicht stellen. Ich habe sofort Angebote erhalten und einen guten Job. Natürlich mit Wehmut, denn ich habe meine langjährigen Mitarbeiter hinter mir gelassen und eine Abteilung, die ich aufgebaut habe. Aber solange die Enkeltochter das Sagen hat, bleibe ich immer in Anspannung. Das ist es mir nicht wert. Selbst wenn sie zurückgepfiffen wird, wird sie mir ihren Status immer um die Nase reiben. Ich lebe gerne in Gelassenheit, ich will das nicht.*«

Andreas Geschichte verdeutlicht sehr stark, wie andauernde Anspannungen zu hohen Belastungen und Hochstress-Situationen führen. Wenn wir die Möglichkeit haben, ihnen zu entkommen, tun wir das. Und eine Menge an Studien zeigen auf, dass die meisten Kündigungen von wertvollen Experten aufgrund persönlicher Konflikte stattfinden. Ebenso sind eine Vielzahl an Krankenständen und Burn-out-Diagnosen, die wir in den letzten Jahren in unseren Unternehmen vorfinden, mit ungelösten Konflikten und langfristigen Anspannungsphasen in Verbindung zu bringen. Rund 40 Prozent der Österreicher, das heißt fast jeder Zweite, klagen über psychische Belastungen am Arbeitsplatz. Seit 1990 hat sich die Zahl der Krankenstandstage auf Grund psychischer Belastungen verdreifacht – Tendenz weiter steigend. Diese Zahlen zeigt eine Studie der Arbeiterkammer Österreich 2015 auf. In Deutschland zeigen sich ähnliche Zahlen.

Um Hochstressphasen zu verringern oder zu vermeiden, ist es sinnvoll, wenn du dir regelmäßig kurz Zeit nimmst und über folgende Fragen nachdenkst:

- In welchem Anspannungsniveau befinde ich mich gerade jetzt und seit wann?
- Bin ich schon längere Zeit in einem mittlerem Anspannungsniveau?
- Gerate ich oftmals in eine Hochspannung?
- Was unternehme ich aktiv gegen meine Anspannungen?

Wenn du regelmäßig über dein Anspannungsniveau nachdenkst, hast du dein Frühwarnsystem aktiviert. Sobald du bemerkst, dass du dich über einen längeren Zeitraum in einer mittleren Anspannung befindest, ist es sinnvoll, sofort aktiv dagegenzusteuern. Damit schützt du dich vor einem Hochstress-Erlebnis und negativen Verhaltensweisen. Eine Vielzahl an Vorschlägen zur Verringerung von dauerhafter Anspannung findest du im Kapitel »Dein Selbstwert-Booster«

Kommt es trotz aller Vorsichtsmaßnahmen vor, dass wir in eine Hochstressphase schlittern, ertappen wir darin meist eine mentale Gewohnheit. Das bedeutet, wir kreisen in diesem Zustand stets in einem ähnlichen Gedankenkarussell.

Ich habe zum Beispiel in diesem Zustand meist dieselben zwei Gedankenkarussells ablaufen: Entweder: »*Mein Gegenüber ist das Letzte. Es will mich kleinmachen und mir meinen Wert nicht zugestehen.*« Oder: »*Jetzt habe versagt! Ich bekomme es nicht auf die Reihe, mein Gegenüber hat mir wieder einmal nicht geholfen, sie haben mich alle im Stich gelassen!«* Psychologisch bin ich in einer Hochstressphase im Schwarz-Weiß-Denken, einem Denken in Extremen.

Je besser du deine Gedankenspiralen im Hochstress kennst, desto klarer kannst du sie als Warnsignale für dich nutzen. Sie warnen dich vor weiteren Schritten in die falsche Richtung.

- Kennst du deine Schwarz-Weiß-Gedankenschleifen in Hochstressphasen?
- Wie lauten diese?

Es gibt in diesem Anspannungsniveau keine Grauzone und sogar, wenn es diese gäbe, könnten wir sie aufgrund der Unfähigkeit, in diesem Zeitfenster Gedanken neu zu strukturieren und zu verändern, auch nicht herstellen. Wäre das nämlich möglich, würde ich folgende innere Kommentare meinem Hochstress entgegensetzen:

Im Gedanken-Karussell eins: *»Mein Gegenüber versucht gerade, einen Vorteil für sich zu entwickeln. Das ist sein gutes Recht. Ich wahre meine Grenzen und lasse mich nicht über den Tisch ziehen.«*

Im Gedanken-Karussell zwei: *»Heute ist es einmal nicht gut gelaufen. Es sind nicht alle Tage gleich, es gibt Tage, die sind besser und Tage, die sind nicht so gut. Morgen kommt sicher wieder ein besserer Tag.«*

In meiner Hochspannung gibt es aber genau diese Fähigkeit nicht und deshalb eskaliere ich mich mit meinem Schwarz-Weiß-Denken selbst und komme nicht aus meiner Hochspannung. Aus diesem Grund ist es notwendig, in diesem Zustand zu anderen Maßnahmen zu greifen. Die sinnvollste Maßnahme ist es, die Aufmerksamkeit von innen nach außen zu lenken. Also genau das Gegenteil von dem zu tun, was in einem niedrigem oder mittlerem Anspannungsniveau sinnvoll ist.

In niedrigen und mittleren Anspannungsniveaus können wir Einsicht zeigen, fokussieren und in die Selbstkontrolle gehen. In der Hochspannungsphase gibt es ausschließlich ein Ziel: das innere Gedanken-Karussell gänzlich aufzulösen. Wir schieben somit die ärgerliche, aggressive Situation beiseite, indem wir diese innerlich verlassen.

Eine wichtige Anmerkung dazu ist, dass wir die Gefühle dieser Situation nicht dauerhaft verlassen. Ganz im Gegenteil. Es ist wichtig, die Schwierigkeiten zu einem gelassenerem Zeitpunkt wieder aufzugreifen und sie zu lösen. Im Beispiel von Irina, könnte sie ihre Verwandten anrufen und ihnen erklären, wie belastend das Thema für sie ist und sie bitten, sie damit zum jetzigen Zeitpunkt nicht mehr zu konfrontieren. Erst wenn ihre Wunden geheilt sind, könnten sie gerne über das Thema reden. In Andreas Beispiel könnte er eine moderierte Konfliktklärung anfordern, um gemeinsam mit einer neutralen dritten Person Lösungsstrategien zu erarbeiten, die für beide Seiten zielführend sind.

Im Hochstress gibt es aber nur das eine Ziel: *Eine Situation innerlich zu verlassen. Das bedeutet, uns ausschließlich nach außen hin abzulenken.*

Beispiele für Ablenkungen nach außen sind:
- *Wenn wir den Raum nicht verlassen können:* alle roten Gegenstände im Raum zählen, von hundert bis null in Siebener-Schritten rückwärts zählen, einen Text mit der »falschen« Hand abschreiben (linken oder rechten), einen Igelball oder Stressball fest drücken, Atemübungen, Ländern Hauptstädte zuordnen, eine Reise planen, eine Einkaufsliste erstellen
- *Wenn wir den Raum verlassen können:* kaltes Wasser über die Hände laufen lassen, Kreuzworträtsel lösen, Treppen steigen, gehen, Internetrecherchen, laute rhythmische Musik anhören, jemanden anrufen, Entspannungs- oder Meditations-Apps anhören

Es ist einzig und alleine zielführend, in diesen Situationen unsere Aufmerksamkeit nach außen zu lenken. Wenn unsere innere Erregung auf einem extrem hohen Niveau ist, ist es sinnvoll, unsere Aufmerksamkeit nicht auf unsere inneren Vorgänge zu lenken, sondern uns im Gegenteil von unseren inneren Vorgängen abzulenken und zu befreien.

Diese Maßnahme ist unser Schutz vor Verhaltensweisen, mit denen wir Schaden für uns oder andere anrichten und sie enthält die Möglichkeit, sofort wirkungsvoll in unser Erleben einzugreifen.

Das Wichtigste zu Schutzfaktoren in Hochspannungsphasen

- Logisch rationales Denken ist weder möglich noch sinnvoll!
- Trotz der Wut und des Ärgers auf deine Umgebung: Verlasse niemals deine Verantwortung für die Steuerung deiner Gefühle und deiner Verhaltensweisen!
- Dein inneres Anspannung-Niveau dient als dein Frühwarnsystem!
- Wenn du über Tage oder Wochen in mittlerer Anspannung bist, solltest du schleunigst etwas dagegen unternehmen. Du bist ein Risikofaktor für Hochspannung!
- In Hochstressphasen können dir logisch-rationale Lösungsstrategien nicht mehr helfen. Versuche es gar nicht, es blockiert dich nur! Wende unmittelbar eine Ablenkungsstrategie nach außen an.
- Identifiziere deine Schwarz-Weiß-Gedankenschleifen in Hochspannungszuständen! Sie geben dir Hinweise, so schnell wie möglich aus diesem Anspannungsniveau auszusteigen!
- Lenke in hoher Anspannung deine Aufmerksamkeit von innen nach außen. Konzentriere dich auf alles, was mit

der belastenden Situation nichts zu tun hat und dich von deinen Gedanken und Gefühlen weglenkt.

- Eigne dir Ablenkungsstrategien in entspanntem Zustand an, sodass diese in Hochspannung gut funktionieren!

7. Psychologische Schutzschirme gegen Ärger, Wut und Aggressionen

Kennst du solche Gedanken: »*Das Leben könnte doch so schön sein, wenn da nicht diese Widerlinge, Fieslinge und beschwerlichen Situationen in meinem Leben wären, die mir den letzten Nerv rauben und meine Harmonie stören!*«

Wie oft fühlen wir uns von außen *provoziert* und regen uns darüber auf, dass unsere Umgebung uns nicht so behandelt, wie wir es gerne wollen? Aber wie soll das funktionieren? Wenn jeder Mensch dem anderen die Bedürfnisse von den Augen abliest und danach handelt, wären wir doch die Sklaven der Anliegen anderer?

Bei genauer Betrachtung brauchen wir uns doch gar nicht *provoziert zu* fühlen. Bedenke, dass es gerade die Vielfalt und Freiheit, selbstständig zu denken und zu handeln sind, die unser Leben so bunt und spannend machen. Und wie jede glänzende Medaille hat auch das Leben seine Kehrseite. Wir genießen die große Vielfalt und unseren Freiraum zur Lebensgestaltung und ecken dabei naturgemäß auch bei anderen an. Nur wer Ecken und Kanten zeigt, ist nicht der Spielball seiner Umwelt. Sich an Ecken und Kanten zu reiben, muss das verwerflich und nervig sein oder kann es einfach Teil des Großen und Ganzen sein? Unser Leben ist niemals eine harmonische Konstante und dafür können wir sehr dankbar sein. Es ist lebendig und vereint glückliche und schwierige Momente und Lebensphasen. Wie aufregend ist das alles, wenn wir wissen, wie wir diese Dynamiken steuern?

In diesem Kapitel stelle ich dir vorbeugende psychologische Schutzschirme vor, die dir helfen, den zum Leben gehörenden Ärger, Wut und Zorn zu minimieren und deine Seele vor tiefgehenden Verletzungen zu schützen. Bei diesen Schutzschirmen erfährst du eventuell nicht immer eine unmittelbare Wirkung. Sie entfalten ihren Schutz oftmals erst, wenn du sie über längere Zeiträume eingeübt hast und sie dich dann – eventuell in der Kombination mit anderen Schutzschirmen – umfassend vor Leid bewahren.

Den ersten Schutzschirm, den ich dir vorstelle, nenne ich den *Ursprung*. Ohne diesen wirst du kaum länger anhaltende Motivation haben, dir neue Denk- und Verhaltensgewohnheiten, die dich schützen, anzueignen. Neue Gewohnheiten aufzubauen, bedeutet immer, alte, in uns tief verankerte und langjährig vertraute, loszulassen. Und Aufgeben beinhaltet Unsicherheit. Du gibst Gewohnheiten für etwas auf, das du in aller Regel gar nicht oder wenig erproben konntest und worin für dich noch eine dauerhafte Unsicherheit liegt. Deshalb ist der erste Schutzschirm, den ich den Ursprung nenne, deine Entscheidung, dir selbst in schwierigen Situationen Halt zu geben.

Schutzschirm 1: Deine absolute Entscheidung auf dich und deine Seele zu achten

Finn, ein erfolgreicher und angesehener Verkaufsleiter, kam völlig zermürbt und erschöpft ins Coaching. Er hatte zuvor meinen Vortrag zum Thema *Widerstandsfähigkeit stärken* gehört und wollte sich Tipps im Umgang mit seinem unmittelbaren Vorgesetzten holen. Er erzählte: »*Mein neuer Vorgesetzter kam vor einem Jahr ins Unternehmen und nach einem anfänglich sehr professionellen Umgang und einer sehr professionellen Vorgehensweise ließ er immer mehr die Tarnung fallen und entpuppte sich als Tyrann. Nun will er alle und jeden unter seiner Kontrolle haben und Eigenengagement, das nicht von ihm abgesegnet wird, wird unmittelbar mit abfälligen Bemerkungen versehen und zurückgezogen. Mit seinem Kontroll-Regime hat er mir in meiner Position viele Freiräume und Befugnisse entzogen. Das wiederum schädigte die Gestaltung der Kundenbeziehungen in meiner Abteilung. Diese sind aber das Herz meines langjährigen Erfolgs und der meiner Mitarbeiter. Ich kann die neue Linie, die der neue Chef vorgibt, einfach nicht mit meiner eigenen Werte-Welt vereinen. Ich sehe deshalb für mich nur zwei Möglichkeiten: Entweder kündige ich mit einem großen finanziellen Verlust und einer beruflich unsicheren Zukunft oder ich finde einen Umgang mit dem Vorgehen des neuen Vorgesetzten! Ich bin hier, weil ich mich für einen Umgang mit dem neuen Vorgesetzten entschieden habe.*«

Bevor wir mit der gemeinsamen Arbeit starteten, fragte ich Finn: »*Wie groß ist deine Motivation, neue Wege zu gehen und deine alten lieb gewonnenen Gewohnheiten hinter dir zu lassen?*« Finn antwortete: »*Ich bin bereit für Neues, es geht um meine finanzielle Existenz, die mir lieb und teuer ist.*« Der erste Schritt, den Finn zu setzen hatte, war eine wertfreie Betrachtung und Akzeptanz seines Vorgesetzten. Und in diesem Schritt begannen schon die ersten Diskussionen, denn Finn sträubte sich in allem, die zwischenmenschlichen Werte seines Chefs unkommentiert anzunehmen. In Finns Werte-Welt war fast alles verwerflich und ein absolutes No-Go, was sein Vorgesetzter mit Mitarbeitern und Kunden tat.

In diesem Prozess veranschaulichte ich: »*Finn, wenn du an einer Kreuzung stehst und jedes Mal nach rechts abbiegst, wie willst du dann einen neuen Weg erkunden? Du kommst ja dann stets aus derselben Richtung auf dein Gegenüber zu und wie soll sich so eine neue Erfahrung entwickeln? Erst, wenn du an der Kreuzung nach links, in den für dich noch unbekannten Weg einbiegst, der allerdings gut beschildert ist, kannst du deinem Gegenüber aus einer anderen Perspektive begegnen. Und erst dann kannst du erfahren, welche Wirkung das hat. Wenn du nichts veränderst, bleibt alles beim Alten.*«

Mit vielen Übungen zum Perspektivenwechsel gelang es, Finn zu einer neutralen Sichtweise zu bewegen. Der absolut wichtigste Schritt in diesem Prozess war, dass sich Finn jedes Mal, wenn er an der Kreuzung stand und seine alte Gewohnheit, nach rechts abzubiegen, aufnehmen wollte, bewusst für einen anderen, den linken Weg entschied. Er motivierte sich selbst kontinuierlich, nach links anstelle nach rechts abzubiegen. Auch wenn der linke Weg noch sehr ungewohnt war, wusste Finn, dass er sich jedes Mal für diesen entscheiden musste, wenn er konfliktfrei in seiner Firma verbleiben wollte.

Unser Leben ist immer wieder mit Personen, die wir als Widerlinge oder als Unsympathen bezeichnen und die uns bis zur Weißglut treiben, beladen. In solchen Situationen stehst du jedes Mal vor der Entscheidung, deinem Gegenüber die Schuld in die Schuhe zu schieben, für alles, was in diesem Moment in deinem Innersten vor sich geht, oder dich dafür zu entscheiden, die absolute Verantwortung für deine Gefühle und deine Handlungen zu übernehmen. Die Entscheidung zur Eigenverantwortung hat den Vorteil, dass du dein Leben nach deinen Vorstellungen gestalten kannst und deine Seele nicht irgendeinem Ekelpaket, Unmenschen, Quälgeist oder einem Menschen ohne Feingefühl auslieferst. Dafür brauchst du einen umfassenden und gut funktionierenden Fiesling-Schutzschirm. Dieser beginnt mit deiner Entscheidung in die Eigen-Verantwortung.

Schutzschirm 2: Die radikale Akzeptanz

Maya rief mich vom Flughafen aus an und schrie ins Telefon: »*Ich habe mein Flugzeug zu meinem Vortrag in Köln verpasst. Der nächste Flieger ist bereits überbucht und der Abendflieger ist für mich zu spät. Da ist mein Vortrag bereits vorbei und ich verliere einen wichtigen Auftraggeber, denn meine Unpünktlichkeit lässt sich ja wohl nicht erklären. Ganz ehrlich! Ich fuhr von zu Hause zu spät weg, es wäre sich aber alles gut ausgegangen, wenn mich nicht langsame Fahrer andauernd blockiert hätten. Und dann war da noch eine neue Baustelle, in deren Bereich ich im Stau stand. Heute waren wirklich nur Deppen unterwegs, die alle nicht Autofahren können! Jetzt verliere ich Geld und das Vertrauen des Kunden! Diese rücksichtslosen Autofahrer – echte Vollzeit-Idioten! Ach, es ist alles so furchtbar!*«
Ich unterbrach sie: »*Maya, hör auf! Du klingst sehr angespannt und deine Gedanken sind nur die Schuldzuweisung an andere. Es hilft nicht, wenn du dich jetzt innerlich zermarterst oder dich in wütenden, anschuldigenden Kommentaren in deiner Hochspannung hältst. Da läufst du Gefahr, etwas zu sagen oder zu tun, dass deinen Schaden noch verschlimmert. Dazu kommt, dass du deinen Körper auf Hochspannung hältst und das erschöpft massiv. Du hast gerade eine sehr dichte berufliche Phase. Eine Zusatzerschöpfung kannst du nicht gebrauchen. Hör auf zu wüten! Nimm die Situation, wie sie ist, akzeptiere alles, wie es war und ist! Du kannst es nicht rückgängig machen und je mehr du dich dagegen wehrst, desto länger wirst du in deinen negativen Gefühlen feststecken. Hast du den Kunden schon*

angerufen?« Sie antwortete: *»Nein!«* Ich fuhr fort: *»Dann setze dich jetzt 20 Minuten in ein Kaffeehaus und nimm die Situation an. Akzeptiere diese, ohne zu bewerten und beruhige deinen Geist und deinen Körper. Zu allererst lenke deine Aufmerksamkeit nach außen, beobachte die Leute im Kaffeehaus, zähle, wie viele davon rote Schuhe haben und mach eine Liste davon, was sie gerade tun. Wenn du wieder entspannt durchatmen kannst, dann rufst du mich an und wir überlegen gemeinsam ein wirkungsvolles Handeln.«* Maya rief nach 20 Minuten an und sagte: *»Ich bin Mitglied in einem Verein für Vortragende. Dieser hat eine Online-Plattform entwickelt, auf welcher Vortragende Ersatz finden können, wenn sie plötzlich verhindert sind. Ich schreibe mein Problem, vielleicht finde ich jemanden, der spontan übernimmt. Wenn sich in einer Stunde niemand meldet, rufe ich den Kunden an. Selbst mit der Bahn ist es zeitlich zu knapp, um konzentriert eine gute Leistung zu liefern. «* Ich fand das eine gute Idee. Maya hatte Glück. Es hatte sich schnell ein Ersatz gemeldet. Maya rief den Kunden an, erklärte ihm den Vorgang auf ruhige, souveräne Art und Weise und dass Ersatz kommen werde. Der Kunde war zwar enttäuscht, aber er gab ihr zu verstehen, dass Fehler nun mal passieren und wenn es Ersatz gibt, war zumindest die Welt in Ordnung.

Mayas Beispiel zeigt: In der Wut steckenzubleiben, bedeutet, Leiden zu erschaffen. Wir leiden so lange, solange wir in unangenehmen Gefühlen gefangen sind. Erst, wenn wir die Situation und den Schmerz und Ärger, die zu dieser Situation gehören, annehmen, entkommen wir unserem Leiden.

Was heißt das nun, den Schmerz anzunehmen? Maya hatte richtig Wut und Ärger in sich. Das Ereignis tat ihr weh und sie brachte es über diese Gefühle zum Ausdruck. Der Ärger und die Wut waren Ausdruck ihres inneren Schmerzes. Da sie sich darin verfing, begann sie zu leiden. Erst als sie akzeptierte: *Ich habe das Flugzeug und einen Auftrag verpasst. Das tut verdammt weh!* Erst dann konnte sie aus ihrem Leiden herausfinden und an Lösungen denken. Erst nun hatte sie den Kopf dafür frei und war nicht mehr durch ihren Ärger blockiert.

Radikales Akzeptieren heißt nicht, dem Schmerz *keinen* Raum zu geben oder ihn wegzudrücken. Die wesentliche Frage dabei ist: *Wie lange* geben wir unseren negativen Gefühlen Zeit und Raum?

Kennst du auch diese Menschen, die ein Leben lang um ihren verlorenen Partner oder um einen verlorenen Job trauern und wütend darüber sind, dass er nicht mehr in ihrem Leben ist? Menschen, die sich mit diesem Ärger in lebenslangem Leiden aufhalten und sich keine Chance auf ein neues, glückliches Leben geben? Würden sie den Verlust annehmen und ihn nicht mehr bekämpfen, könnte sich ihr Leben in eine neue Richtung entwickeln. Vorher ist es kaum möglich, da sie Unmöglichem anhaften, statt loszulassen.

Bis hierher und nicht weiter! Schränke deine negative Zeit ein und setze dir selbst Grenzen!

Vielleicht denkst du jetzt: »*Soll ich jetzt alle negativen Gefühle sofort loslassen und wie soll das denn gehen?*« Die Antwort ist Nein. Jedes Ereignis braucht seine Zeit. Dennoch ist es zielführend, seine negativen Zeiten zu begrenzen. So wie bei Maya, in deren Situation eine rasche Lösung notwendig war. Ich persönlich setze mir bei zwischenmenschlichen Ärgernissen gerne eine Zeitraum von zwanzig bis dreißig Minuten oder, wenn es nicht so dringend ist, ein bis zwei Stunden. In diesen Zeitfenstern wende ich alle Techniken an, um aus Hochspannung oder mittlerer Anspannung wieder herauszufinden und lösungsorientiert handeln zu können.

Eines solches Zeitfenster hatte ich mir kürzlich nach einem Workshop wieder einmal festgelegt. Der Inhalt des Workshops war mein erstes Buch: *Nörgler, Besserwisser*

Querulanten. Wie Sie schwierige Menschen zielsicher steuern, das 2016 erschienen ist. Eine Handvoll Teilnehmerinnen und Teilnehmer outeten sich durch ihr Verhalten rasch als schwierige Menschentypen. Vielleicht war das ihr Motiv, diesen Workshop zu buchen, um über sich selbst mehr zu erfahren. Sie hatten sich in der Gruppe rasch zusammengefunden und es sich zum Gegenstand gemacht, mich zu provozieren und aus der Fassung zu bringen. Ich verwendete alle meine Tools und neben der inhaltlichen Vermittlung war ich intensiv damit beschäftigt, ihre Schlachtpläne abzuwehren.

Wenn mehrere negative Menschentypen sich zusammentun, dann entstehen meist aufschaukelnde und oftmals auch eskalierende Dynamiken. Diese Menschen fühlen sich in der Kleingruppe stärker und mächtiger und prahlen oftmals gerne mit ihrem destruktiven Verhalten. Bin ich ihre Führungskraft, kann ich ihr Verhalten relativ rasch eingrenzen, über hierarchische Anordnungen. Als Workshopleiterin bleibt nur der Rauswurf, wenn Teilnehmende über das Ziel hinausschießen und das ist üblicherweise nicht mein Fokus. Deshalb nahm ich mir in den Pausen immer wieder Zeit, aus der Hochspannung herauszukommen, indem ich aus dem Haus ging, Autos zählte und unseren Urlaub im Detail plante. Ich öffnete meine innere Bereitschaft, die Teilnehmer so zu akzeptieren und anzunehmen, wie sie sich gaben und ihnen stetig konstruktiv die Grenzen zu setzen, damit die anderen Workshopteilnehmer nicht allzu sehr von ihnen gestört waren. Ich bewältigte den Tag souverän und segelte professionell durch ihre subtilen Angriffe bis zum Schluss. Der Preis für mich war, sehr viel aus meinem Selbstkontroll-Behälter zu schöpfen.

Nach dem Workshop kam einer von ihnen zu mir und sagte: »*Fast hätten wir sie aus der Fassung gebracht.*« Dabei grinste er süffisant. Ich ärgerte mich grün und blau über diese Aussage, denn mein Arbeitstag war durch diese Fieslinge zu einer Schwerstarbeit geworden, nach der ich erschöpft zu Hause ankam. In diesem Moment beschloss ich, dem Ganzen nur noch begrenzt Zeit zu geben. Ich legte ich mich aufs Sofa, sah mir auf Netflix meine Lieblingsserie *Peaky Blinders* an und gab mir genau eineinhalb Stunden, um mich von den vielen Sticheleien und Grobheiten dieser toxischen Persönlichkeiten zu erholen und meinen negativen Gefühlen Raum zu geben. Nachdem ich akzeptierte hatte, dass es ein grauenvoller Arbeitstag gewesen war, gefüllt mit enormer Selbstkontrolle und ich diesen Widerlingen ständig die Grenzen setzen musste, dachte ich an die vielen Arbeitstage, die gut laufen und an denen ich zufrieden nach Hause gehe. Ich sagte zu mir: *»Es passt, es darf auch so sein. Morgen ist wieder ein neuer Tag!«*

Radikale Akzeptanz bedeutet, wie auch schon bei den Sofort!-Maßnahmen im Kapitel »Einsicht« beschrieben, dass wir das, was passiert, annehmen, ohne es zu bewerten und uns damit gegen eine Realitätsverweigerung entscheiden. Radikales Akzeptieren hat eine sofortige Wirkung. Diese Wirkung spüren wir in unserem Fühlen, Denken und Handeln, wodurch in aller Konsequenz auch unsere Umgebung mitsteuert.

Anbei eine kleine Übung für dich:
- Suche Beispiele aus deinem Leben, in denen du eine Situation, ein Ereignis nicht wahrhaben wolltest. In denen du mit aller Kraft versucht hast, dich gegen diese Realität zu wehren oder sie dauerhaft zu verleugnen. Zum Beispiel: Eine Person, auf die du dich immer verlassen hattest, hat dich plötzlich hintergangen. Ein Kollege hat dir ein attraktives Projekt auf ziemlich fiese Art vor der Nase weggeschnappt.
- Wie lange hast du durchschnittlich gegen diese Situationen gekämpft, wolltest diese nicht akzeptieren? Wie lange hast du dich mit deiner Weigerung im Leiden gehalten?

- Gibt es auch Beispiele in deinem Leben, in denen du nur vorübergehend ablehnend warst und dann eine akzeptierende Haltung gefunden hast? Überlege, was dir konkret geholfen hat, diese Realitäten zu akzeptieren.
- Welches Denken hat dich in deinem Leben weitergebracht und war wirkungsvoller? Der Kampf oder die radikale Akzeptanz?

Wenn es dir künftig schwerfällt, eine Situation anzunehmen, dann nutze deine Erinnerungen an radikale Akzeptanz und ihre Wirkung in deinem Leben. Es ist deine Entscheidung, im Negativen festzuhalten oder dich für Konstruktives frei zu machen!

Schutzschirm 3: Grenzen ziehen

Elena, eine selbstständige Werbefachfrau, rief mich an: »*Hilf mir aus diesem Schlamassel! Wie komm ich da wieder raus? Ich hatte gerade zwei Telefonate mit derselben Dynamik. Zu allererst rief mich ein Kunde an und ließ alle Wut, die er in sich trägt, an mir aus. Inhaltlich völlig inkorrekt! Er gab mir aber keine Redezeit, sondern erboste sich ohne Pause. Seine Kommentare waren nur verächtlich und verletzend. Die Sache, über die er sprach, hatte mit meinem Tun nichts gemeinsam. Er stülpte mir alle seine negativen Emotionen in Respektlosigkeit über. Und stell dir vor, gleich anschließend hatte ich ein Telefonat mit einem Lieferanten, bei dem es ähnlich ablief. Herrschsüchtig und herablassend, mit aggressiven Witzen gespickt, ließ er all seinen Zorn auf die Welt an mir aus. Dabei gab es in diesem Fall nicht den geringsten Grund dafür. Ich hatte das Zahlungsziel um ein paar Tage überzogen, aber er wusste, dass ich auf einer Werbemesse war und wir hatten vereinbart, dass ich an-*

schließend zahle. Auch er ließ mir keine Chance, das Wort zu ergreifen und war nicht an Worten von mir interessiert. So ist das bei mir! Alle lassen gerne ihre ärgerlichen Emotionen an mir aus. Das macht mich fix und fertig! Andererseits will ich sie aber nicht zurückweisen oder verstimmen, weil ich mit diesen Personen Berührungspunkte habe, die für mein Geschäft von Vorteil sind. Ihre negativen Gefühlsausbrüche kleben allerdings sehr heftig und kräfteraubend an mir!«

Meine Antwort: »Elena, Du bist geradewegs emotional in das Problem deiner Gegenüber eingestiegen. Stell dir vor, die Wut deiner Geschäftspartner wären mit Gas gefüllte Luftballons und das Gas ist die Wut, der jeweilige Ballon ist der jeweilige Geschäftspartner. Du hast dich ohne Umwege mit dem Gas der Luftballons emotional verbunden und hast dieses in dir aufgesaugt. Dieses wütende Gas ist jetzt in deinem Körper und du platzt fast, weil es unerträglich für dich ist. Ich kann mir gut vorstellen, dass dir so etwas alle Energie raubt. Was hat dich davon abgehalten, die Luftballons von außen zu betrachten und wie eine Theaterbesucherin auf dem Logenplatz auf die Bühne zu starren, die Luftballons hin und her fliegen zu sehen und dich dabei emotional vom Geschehen zu distanzieren?«

Sie entgegnete: »Das sind Geschäftspartner. Wenn die mich zu kühl und distanziert erleben, arbeiten sie vielleicht nicht mehr so gerne mit mir zusammen. Du weißt ja, gute Beziehungen sind das A und O jedes Erfolgs.«

Ich war überrascht: »Aha, deine Geschäftspartner dürfen sehr vieles mit dir tun, nur damit sie gerne mit dir zusammenarbeiten?« »Ja«, erwiderte sie, »das habe ich in allen meinen Jobs gelernt. Der Kunde ist König!«

Dazu fiel mir ein Zitat aus dem Buch *Überleben unter Arschlöchern* von Robert I. Sutton ein, das lautet: »Viele unserer Klienten sind Arschlöcher. Ich muss mich mit ihnen abgeben, weil sie im wahrsten Sinne des Wortes unsere

Rechnungen bezahlen. Diese Deppen saugen das Leben aus unseren Mitarbeitern und machen es uns ungemein schwer, ein nachhaltiges und kulturell lebendiges Arbeitsumfeld zu schaffen.«

Dieses Zitat, das aus dem Amerikanischen stammt, beschreibt auch gut die Situation im deutschsprachigen Raum. In der deutschen Untersuchung DGB-Index »Gute Arbeit« wurde 2018 festgestellt, dass 46 Prozent der Arbeitnehmerinnen und Arbeitnehmer, die in häufigem Kundenkontakt stehen, regelmäßig herablassend behandelt werden.

Das bedeutet, dass fast die Hälfte der Kundenkontakte zu Ärger und Belastungen führt. Welche Konsequenzen Ärger und Belastungen am Arbeitsplatz haben, wird vielfach durch kontraproduktives Verhalten der Mitarbeiter beschrieben. Kontraproduktives Verhalten bedeutet in diesem Zusammenhang, Mitarbeiter schädigen das Unternehmen, um ihre erfahrenen Frustrationen abzuladen. Dazu zählen Verhaltensweisen wie

- Beschäftigt-Tun, obwohl nichts getan wird,
- langsamer arbeiten, als es möglich wäre,
- jemanden nicht zurückrufen,
- obszöne Gesten und Provokationen,
- Pausenzeiten verlängern.

Kontraproduktives Verhalten kann somit auch als Stressbewältigungsstrategie verstanden werden. Bei so viel Ärger im Job, wie soll da eine zielführende Motivation aufrecht bleiben? Denn zu all der erlebten Grobheit mit den Geschäftspartnern kommen ja noch die Sticheleien, Missachtungen und Beschwernisse mit dem Chef und der Kollegenschaft dazu.

So lag es nahe, die Frage in die folgende Richtung zu stellen: Kann überhaupt motiviert gearbeitet werden? Was muss ein Unternehmen bieten, um die Mitarbeiter vor zu viel Ärgernissen und damit Kraftverschwendung zu schützen?

Dazu erzählte ich Elena von erfolgreichen Unternehmen, die das ausdrückliche Ziel haben, dass ihre Geschäftspartner, Führungskräfte und Mitarbeiter im Miteinander Grenzen einhalten und nicht wie auf Fußabstreifern ihre Wut an der Belegschaft auslassen. Diese Firmen erleben dadurch einen hohen unmittelbaren Gewinn. Das Personal schätzt diese Vorgabe und belohnt sie mit hohem Engagement und einer hohen Zufriedenheit. Diese Unternehmen, zu denen beispielsweise die Pharmafirmen Sandoz und Novartis aber auch die Santanda Consumer Bank zählen, wissen sehr gut, dass negative Emotionen Leistungskiller sind und sie versuchen, ihren Part so gut wie möglich zu erfüllen.

Wenn wir allerdings unsere Grenzen setzen, ist es von großer Bedeutung, dass wir dies auf eine besonnene, ruhige und freundliche Art und Weise tun. Du kennst sicher das Sprichwort: »Der Ton macht die Musik.«

Schutzschirm 4: Aufrichtigkeit und ehrliches Interesse

»*Ich krieg dich, koste es, was es wolle!*«, lautet Saras oberster Leitspruch im Job. Sara, eine erfolgreiche Unternehmerin, offenbarte mir eines Tages: »*Meinen großen Durchbruch verdanke ich meiner Strategie ›Ich krieg dich, koste es, was es wolle‹. Stell dir vor, jedes Mal, wenn ein Geschäftspartner Widerstand zeigt, in Zweifel geht oder versucht, meine Strategien zu durchbrechen, gibt es für mich nur noch diese Gedanken: ›Egal, was du jetzt denkst oder tust, ich krieg dich dorthin, wo ich dich haben will‹. Ich bin überzeugt, dass ich durch dieses Vorhaben so viel Energie in mir bündle, dass es für mein Gegenüber kein Entkommen gibt. Und mein Erfolg gibt mir recht.*« Ich fragte verwundert: »*Kein Entkommen?*« Sie antwortete: »*Nun ja, ganz ehrlich, es gibt schon Wunschkunden oder Wunschlieferanten, an die ich nicht herankomme und die sich mir geradezu verweigern. Aber ich bin mit den bestehenden und denen, die ich bezwingen kann, sehr zufrieden und was soll es, alles ist halt nicht möglich!«* Ich bohrte weiter: *»Was heißt, Wunschkunden verweigern sich?«* *»Nun ja«*, fügte sie hinzu: *»Sie fühlen sich von mir manipuliert und finden kein Vertrauen. Ich würde sagen, die Chemie passt einfach nicht.«* Ich: *Aber wenn du professionell vorgehst, was blockiert dann die Chemie zwischen euch? Ist Manipulation nicht ein No-Go in einer vertrauensvollen Geschäftsbeziehung?«.* *»Ja«*, verkündete sie, *»Du hast schon recht. Ich komme an viele Unternehmen nicht ran. Die Ansprechpersonen fühlen sich von mir überfahren und in eine Richtung gedrängt, die sie nicht haben wollen. Und das stimmt ja auch.«* Ich hielt entgegen: *»Könnte es anders nicht besser klappen?«* Sie erwiderte: *»Da triffst du jetzt einen wunden Punkt. Denn mittlerweile glaube ich das auch ein bisschen. Die Geschäfte haben sich aufgrund der Digitalisierung verändert und die Beziehungen stehen viel mehr im Mittelpunkt. Deshalb ganz ehrlich, ich könnte sicher erfolgreicher sein, wenn ich manchmal nicht so manipulativ oder täuschend vorginge. Schließlich merke ich, dass es schon viele Personen gibt, die ich mit meinem Vorgehen ärgerlich stimme und welche, die aus wütender Rache die Kooperationen wieder aufkündigen. Da wären wir jetzt wohl am Knackpunkt angelangt.«*

Saras Ansatz erlebe ich sehr oft. Sätze wie *»Ehrlichkeit im Business ist dumm und bringt nur Nachteile«* kursieren im Internet und sind oftmals sogar tonangebend. Bei genauer Betrachtung dieser Thematik gibt es allerdings auch kontroverse Anschauungen.

Welche Konsequenzen haben Aufrichtigkeit und echtes Interesse? Aufrichtiges Verhalten beinhaltet, den anderen durch unser Verhalten weder zu täuschen noch in die Irre zu führen oder zu manipulieren. Denn eines ist gewiss: Hinterlist erzeugt Ärger! Die betroffene Person fühlt sich hinter das Licht geführt, geschädigt und gezielt benachteiligt. Wer fühlt sich schon in unfairen Fallstricken gut? Wer will mit Schwindlern Geschäfte machen oder mit diesen abends an einer Bar sitzen und so tun, als wäre nichts gewesen? Wohl kaum jemand, außer die Person ist aus demselben Holz geschnitzt. Meist entwickeln sich ärgerliche oder aggressive Dynamiken. Es schreit alles nach Kampf, Rückzug oder Ausgleich.

Woran erkennen wir nun Menschen, denen wir vertrauen können, die uns aufrichtig und mit ehrlichem Interesse begegnen und unseren Ärger geringhalten?

Solide Anhaltspunkte für Aufrichtigkeit und ehrliches Interesse

Aufrichtige Menschen sagen, was sie meinen. Und zwar auch dann, wenn ihre Meinung unpassend, unangenehm oder unpopulär ist und zu Konflikten führt.

Zum Beispiel: Hans wurde von seinem Chef in ein neues Projekt eingebunden. Er bemerkt rasch, dass es in diesem viele offene Fragen gibt und entgegengesetzte Fakten. Aufgrund seiner Analysen ist Hans überzeugt, dass das Projekt scheitern wird. Sein Chef hat große Hoffnungen in diese Sache gesteckt und Hans ist sich bewusst, wenn er zu diesem Zeitpunkt seine Sicht auf die Dinge offenbart, wird es unangenehm. Hans entscheidet sich für die Aufrichtigkeit und es kommt genauso, wie gedacht. Sein Chef reagiert anfangs erbost, weil er die Situation nicht wahrhaben will. Nach einigen Tagen kommt er aber zu Hans und bedankt sich. In Summe kann durch Hans Aufrichtigkeit viel Geld eingespart werden. Hans ist einer der wenigen, die auch vor den Kopf stoßen, um mit ehrlichem Interesse bei der Sache zu sein.

Aufrichtige Menschen sind in ihrem Inneren nicht auf jede Anerkennung angewiesen und reagieren nicht auf jede Kritik oder jede Ablehnung irritiert. Nicht, dass Menschen mit ehrlichem Interesse kein Lob, keine Zuwendung brauchen und Ablehnung an ihnen abprallt, wie Wasserperlen an Säulen. Nein, sie haben dieselben Grundbedürfnisse, nur sind sie dabei sehr realistisch. Sie wissen, was sie zu bieten haben und wo ihre Schwächen liegen. Sie täuschen nicht, um an geschmeicheltes Lob zu kommen oder zeigen sich nicht in falschem Licht, nur um Vorteile zu erhaschen.

Beispiel: Seit Jahren bewirbt das Hostel *Hans Brinker* in Amsterdam seine Unterkunft mit »*Was du hier siehst, das bekommst du auch*« und stellt unretouchierte Bilder ihrer Zimmer online. Sie wollen kein Nutzversprechen machen, das sie nicht halten können und sind damit sehr erfolgreich. Wie oft bis du schon in eine Hostel gekommen, dessen Lage nicht so wundervoll war wie angepriesen und dessen Zimmer doch nicht so großzügig und modern waren wie auf den Fotos? Und wie oft hast du dich über die Täuschung geärgert?

Aufrichtige Menschen haben meist ein ausgeprägtes Einfühlungsvermögen. Sie erkennen Lügen und Ungereimtheiten sehr schnell und können diese auch zielsicher enttarnen. Deshalb sind sie nicht immer angenehm für ihre Umwelt. Das wissen sie und nehmen es gerne in Kauf. Ihr Ziel ist niemals, ein perfektes Image aufrechtzuerhalten, sondern ehrlich zu sich und anderen zu sein.

Theo wollte unbedingt seinem besten Freund Jonathan seine neue Freundin vorstellen. Am besten bei einem gemeinsamen Wochenendausflug. Relativ rasch enttarnte Jonathan die neue Freundin. Sie war nicht aus Liebe an Theos Seite, sondern vielmehr, weil ihr Theo bei ihrer Karriere massiv weiterhalf. Jonathan wies Theo in einem vertraulichem Gespräch auf seinen Eindruck hin. Theo war massiv enttäuscht, aber nicht von seiner neuen Flamme, sondern von Jonathan und zog sich von ihm zurück. Ein Jahr später rief Theo Jonathan wieder an. Er entschuldigte sich für seinen Rückzug und bedankte sich für seine Aufrichtigkeit, die ihn zu diesem Zeitpunkt noch überfordert hatte. Die Freundschaft war durch dieses Ereignis gewachsen, denn Theo wusste, dass er sich hundertprozentig auf Jonathan verlassen konnte, auch wenn es wehtut.

Aufrichtige Menschen sind mit sich im Reinen. Sie sind integer, das bedeutet unbestechlich sich selbst gegenüber und anderen. Es geht in ihrem Leben nicht darum, zu täuschen und zu tarnen, großartig zu prahlen oder durch schädigendes Verhalten Konkurrenten auszuschalten. Es geht darum, gemeinsam Ziele zu erreichen, ohne andere hinter das Licht zu führen.

Beispiel: Bruce, ein Raumfahrtexperte, erfreute sich in seinem Team großer Beliebtheit. Vor allem seine hohe fachliche Expertise und seine Aufrichtigkeit brachten ihm viel Erfolg. Alle wollten mit ihm arbeiten oder ihm zuarbeiten. Jeder schätzte die Tatsache, sofort zu wissen, woran er ist. Dies war Oliver ein Dorn im Auge. Er war Bruce Vorgesetzter und empfand Bruce als Konkurrenz. Dementsprechend begann er mit manipulativen Spielchen, um die Beliebtheit von Bruce zu schmälern. Dabei übersah er, wie sehr Aufrichtigkeit und ehrliches Interesse jegliche finanzielle Anreize in den Schatten stellt. Oliver merkte nicht einmal, wie sehr er sein Team durch seine unfairen Machenschaften in Distanz zu sich brachte. Letztlich war es er, der mehrfach verlor.

Aufrichtige Menschen zeigen echtes Interesse an ihrem Gegenüber. Bei Meinungsverschiedenheiten versuchen sie nicht, den anderen ins Eck zu drängen, ihn zu bekämpfen oder gezielt abzulenken, um über seinen Kopf hinweg Entscheidungen zu treffen. Sie sind interessiert an den Motiven anderer Personen, ihren Möglichkeiten und Grenzen. Es geht nicht darum, eigene Vorteile auf Kosten anderer zu generieren. Denn sie wissen, es wäre ein unfaires Spiel und sie könnten sich danach selbst nicht mehr in den Spiegel sehen. Weil es ihnen gegenüber unaufrichtig ist. Sie empfinden ein faires, ehrliches Spiel als passender. Natürlich sehen sie sich auch gerne als Gewinner, aber nicht auf Kosten der anderen.

Beispiel: Benedikt und Lara haben die Scheidung beantragt. Lara war, was Verhandlungen betrifft, Benedikt bei weitem unterlegen. Da sie ein großes Vermögen zu teilen hatten, hätte Benedikt als gewiefter Geschäftsmann einige Möglichkeiten gehabt, Vermögen zu verdecken, zu verschieben und zu vertuschen, um finanziell besser aus der Scheidung auszusteigen. Er wusste auch, das solche Möglichkeiten von vielen genutzt werden. Aber Benedikt war aufrichtig und es war ihm wichtig, seine Exfrau nicht zu benachteiligen. Er konnte diesen Lebensabschnitt fair und in Frieden hinter sich lassen. Damit ersparte er beiden viel Ärger.

Aufrichtige Geschäftspartner sind Erfolgsmagneten. Wenn du unternehmerisches Potenzial in dir trägst und dieses mit Aufrichtigkeit koppelst, wirst du relativ rasch bemerken, was andere für dich tun. Sie werden dich empfehlen und langfristig mit dir zusammenarbeiten. Wenn es Tiefs gibt, werden sie zu dir halten, weil sie wissen, du wirst auch für sie Lösungen finden, wenn es einmal eng wird. Ehrlichkeit ist nicht Naivität im Sinne umfassender Gutmütigkeit. Das wäre gefährlich. Ehrlichkeit ist, das anzusprechen und zu konfrontieren, was ist.

Wie aufrichtig und ehrlich interessiert sind deine Geschäftspartner? Chefs oder Kollegen? Nimm dir kurz Zeit und finde heraus, wer in deinem Umfeld Ärger schürt und wer Ärger eindämmt:

- Wer zeigt ehrliches Interesse an dir? Woran erkennst du das?

- Wer gaukelt ehrliches Interesse vor, lebt es aber nicht?
- Wer sagt dir aufrichtig die Meinung, auch wenn sie unangenehm für dich ist?
- Wer gibt dir alle Informationen, die du brauchst, selbst wenn dadurch ein Konflikt oder eine Diskussion entsteht?
- Bei wem halten sich Geben und Nehmen die Waagschale?
- Welche Person will immer mehr von dir haben, als sie zu geben bereit ist?
- Wer zeigt seinen Ärger, seine Wut über dich nur hinter deinem Rücken?

Mit der Beantwortung dieser Fragen findest du gut deine Ärger-Ausgangspunkte und kannst dich vorausschauend in jedem Kontakt schützen. Lasse dich aber nie auf das Niveau deines Problemcharakters hinunter, sonst bist du schnell der nächste Ärger-Ausgangspunkt. Eskalationen und Aggressionen folgen dann sicher rasch. Bleib bei dir, bleib in Aufrichtigkeit und ehrlichem Interesse, aber achte stets darauf, nicht naiv unterzugehen. Vielmehr beachte, was bereits Epiktet wusste: »*Willst du im Gespräch jemandem eine Wahrheit mitteilen, so ist die Hauptsache dabei, nicht wütend zu werden und kein böses oder beleidigendes Wort zu sagen.*«

Schutzschirm 5: Dein Selbstwert

»*Bitte nehmen Sie Luisa ins Coaching. Diese junge Dame hat so viele Talente und auch einen unbändigen Ehrgeiz, aber ihr Selbstwert ist so richtig im Keller. Sie steht sich sichtbar im Wege und fällt jeden Tag über ihre eigenen Selbstzweifel. Wir erkennen dies, weil Angriffe und Kritik, die in unserem Unternehmen naturgemäß immer wieder vorkommen, sie viel zu stark aus der Bahn werfen. Luisa zieht sich dann innerlich zurück und wirkt richtiggehend geknickt. Wir wünschen uns für sie, dass sie ihren Wert an-zuerkennen lernt und ihn auch leben kann.* Sie ist so eine gewinnbringende Mitarbeiterin in so vielen Aspekten. Aus ihrem geringen Selbstwert bringen wir sie aber mit unseren Möglichkeiten nicht heraus, da benötigen wir Ihre Unter-stützung«, so der Inhalt eines Kundengesprächs.

Luisa kam ein paar Wochen später ins Coaching. Eine absolut entzückende Persönlichkeit. Freundlich, professionell und hoch intelligent. Sie gab mir zu verstehen: »*Mein Chef meint: Lerne deinen Wert kennen und lebe ihn, damit du die schwierigen Dynamiken im Leben gut bewältigen kannst.*« Verzweifelt fügte sie hinzu: »*Das sind schöne Worte meines Chefs, aber wie soll das gehen? Ich kann doch nicht einfach einen Schalter umlegen und so tun, als wäre ich selbstsi-cher und hätte einen großen Selbstwert. Das habe ich nicht. Dafür kann ich auch nichts. Ich habe eine schwierige Fami-liengeschichte, diese hat mich geprägt. In dieser hat nie je-mand zu mir gesagt, ich sei etwas wert oder ich könne etwas gut. Jetzt bin ich in dieser Firma und alle loben mich, mögen mich und finden, ich habe echt Potenzial. Und so überzeugt wie die von mir sind, bin ich nicht. Negativ emotionale Si-tuationen mochte ich noch nie, da fühle ich mich schnell an die Wand gedrückt und weiß nicht, wie ich da wieder weg-komme. Vor allem überrollt mich in diesen Situationen eine Unmenge an innerer Unsicherheit.* »Luisa«, antwortete ich: »*Mit diesem Thema bist du nicht alleine. Natürlich sind wir alle von unserer Kindheit geprägt und vor allem unseren Wert erleben wir in starker Abhängigkeit dieser Prägungen. Aber ich kann dich beruhigen, ich kenne kaum eine Per-son, die ohne kleine oder große Traumata aufwuchs, oder keine frühkindliche Phasen verminderter Aufmerksamkeit, verminderten Zuspruchs oder Phasen mit Tadel oder Dis-kriminierung im Kindergarten, in der Schule oder im Job erlebt hat. Sogar, wenn nur Lob und Anerkennung in Hülle*

und Fülle vorhanden waren, erleben die Menschen Trauma-
ta. Denn dann haben sie nie gelernt, mit Schmerz oder Zu-
rückweisung umzugehen und das Leben bietet ihnen dann
andere Herausforderungen. Es gibt kein idealtypisches
Leben und unsere Eltern haben es auch nicht erfahren. Jetzt
bist du glücklicherweise im Job auf ein sehr wohlwollendes
und förderndes Umfeld gestoßen. Ich kenne so viele junge
Potenziale, die keine Chefs haben, die sie so fördern. Ihr
Berufsleben ist eine Einbahnstraße. Nicht aus Mangel an
Intelligenz. Nein, aus einem fehlenden gefühlten Selbstwert,
der sie in ihren Gewohnheiten und Routinen gefangen hält.
Ich verspreche dir eins, für dich und dein Leben wird es sehr
bereichernd sein, deine störenden Prägungen der Vergan-
genheit loszulassen und neue, einem positiven Leben dien-
liche Prägungen zu erarbeiten.« »Wie soll das denn gehen?«,
fragte sie voller Verwunderung. Dabei blieb sie in ihrer Haltung offen und neugierig und so starteten wir mit der Arbeit
an ihrem Selbstwert.

Selbstwert oder Selbstvertrauen?

Weißt du, wie unser Selbstwert entsteht? Unser Selbstwert
besteht aus der Summe aller positiven und negativen Bewertungen, die wir über uns selbst haben.

Halte kurz inne und beantworte intuitiv, ohne lange
nachzudenken die Frage: *Beurteilst du dich großteils positiv?*

Im besten Falle überwiegen deine positiven Bewertungen und ergeben dadurch einen hohen Selbstwert. Ein hoher
stabiler Selbstwert bringt viele Vorteile mit sich.

Wenn wir negative Situationen erleben, können wir
rasch unsere positiven inneren Selbstbewertungen dagegen-
setzen und fühlen uns weder minderwertig noch als Lebens-
versager. Haben wir nicht so viele positive Selbstbewertungen in uns, können wir rasch durch Situationen, die uns ärgern, aus der Bahn geworfen werden.

Unser Selbstwert ist also ein Schutzschirm gegen äußere Angriffe, erlebte Bedrohungen und leichte Kränkbarkeit. Und damit auch ein Fundament für souveränes Handeln in schwierigen Situationen, weil wir uns vielmehr zutrauen, mehr Mut zu Neuem haben und uns nicht so sehr infrage stellen. Menschen mit einem hohen Selbstwert nehmen um ein Vielfaches mehr an Chancen in ihrem Leben wahr und finden darin wiederum eine Anzahl an Bestätigungen ihrer Persönlichkeit.

Wenn wir uns mit unserem Selbstwert beschäftigen, so beschäftigen wir uns meist auch mit unserem Selbstvertrauen. Unser Selbstvertrauen ist aber nur ein Teil unseres Selbstwertes. Denn es bezieht sich ausschließlich auf unsere inneren Überzeugungen, eine Situation oder Herausforderung gut bewältigen zu können.

Sicher kennst du den Satz »*Das traue ich mir zu*«? Dein Zutrauen sagt etwas über dein Selbstvertrauen aus, aber nichts über deinen gesamten Selbstwert.

Selbstvertrauen erkennen wir durch Sätzen wie:
- *Ich vertraue darauf, dass ich diese Aufgabe lösen kann.*
- *Meine Leistung in diesem Bereich ist sehr gut.*
- *Ich kann mit anderen konkurrieren, weil ich das gut kann.*

Unseren Selbstwert erkennen wir durch Sätze wie:
- *Ich bin es wert, respektiert zu werden.*
- *Ich werde von vielen gemocht, so wie ich bin.*
- *Andere würden mich vermissen, wenn ich nicht mehr da wäre.*

Ein kleiner Test: Erkennst du einen Unterschied in den folgenden Sätzen und kannst du die Sätze zuordnen?
- *Ich bin unbeholfen im Umgang mit Wut und Ärger.*
- *Ich bin ein unbeholfener Mensch.*

Der erste Satz bezieht sich auf eine Fähigkeit in einer speziellen Situation und sagt etwas über das Selbstvertrauen in dieser Situation aus. Der zweite Satz bezieht sich auf den Selbstwert. Die Person fühlt sich als Ganzes unbeholfen und gibt sich damit eine generell negative Bewertung.

Um mit unserer Umwelt einen erfolgreichen und zufriedenen Umgang zu haben, brauchen wir einen möglichst hohen und stabilen Selbstwert und ein gut ausgeprägtes Selbstvertrauen. Stell dir vor, dein Selbstwert basiert auf der Aussage: »*Ich bin eine störrische, emotionale Person.*« Daraus ist leicht abzuleiten, dass du wenig Mut und Souveränität für neue Beziehungen einbringen wirst, und wenn doch, dann wirst du selten dein volles Potenzial zeigen, weil dich deine inneren Kommentare entweder in Zurückhaltung bringen oder in ein unangemessenes Verhalten.

Sowohl unser Selbstwert als auch unser Selbstvertrauen wurde seit dem Beginn unseres Lebens geprägt. Über unsere Erziehung und unser nahe gelegenes Umfeld. Je mehr und je vielfältigere Eigenerfahrungen ein Kind machen darf, desto mehr Selbstvertrauen kann es erwerben, weil es erlebt: »*Das kann ich!*« Je positiver ein Kind bezeichnet wird, desto mehr positive Zuschreibungen wird es sich selbst geben. Denn, wie will es sich einen positiven Wert geben, wenn die Eltern oder die Umgebung immer suggerieren:

- Du bist dümmer als andere ...
- Andere sind sportlicher ...
- Andere kleiden sich attraktiver ...
- Du bist so kompliziert ...
- Du bist so emotional ...
- Du bist so störrisch ...

Betrachte an dieser Stelle alle negativen und positiven Urteile, die du über dich verinnerlicht hast. Wenn du möchtest, analysiere auch, woher diese Zuschreibungen kommen.

Beurteile dich selbst:
- Dein Aussehen:
  - Positiv: ....

  - Negativ: ....
- Deinen Umgang mit Menschen und zwischenmenschlichen Herausforderungen:
  - Positiv: ....

  - Negativ: ....
- Dein Zusammensein mit deiner Familie:
  - Positiv: ....

  - Negativ: ....
- Deine berufliche Situation:
  - Positiv: ....

  - Negativ: ....

Wie ist dein Ergebnis? Gibt es mehr negative oder mehr positive Urteile, die du über dich fällst oder die andere dir suggeriert haben? Bist du zufrieden mit deinem Ergebnis? Falls es nicht sehr zufriedenstellend ausfällt: Vorsicht, gibt es auch eine direkte Falle! Oftmals urteilen wir über unsere eigene Person strenger und härter als über andere. Wir verzerren die Wahrnehmung auf unsere Persönlichkeit zu unseren Ungunsten und leiden dann darunter. Deshalb macht es Sinn, diese Verzerrungen herauszufiltern. Beurteile jetzt zusätzlich eine nahestehenden Person, die du sehr gerne magst.

Beurteile eine nahestehende Person, die du sehr gerne magst:
- Ihr Aussehen:
  - Positiv: ....

  - Negativ: ....

- Ihren Umgang mit Menschen und zwischenmenschlichen Herausforderungen:
  - Positiv: . . . .

  - Negativ: . . . .
- Ihr Zusammensein mit ihrer Familie:
  - Positiv: . . . .

  - Negativ: . . . .
- Ihre berufliche Situation:
  - Positiv: . . . .

  - Negativ: . . . .

Bist du in deinen Urteilen zu einer anderen Person gnädiger als zu dir? Wenn ja, dann verzerrst du den Blick auf dich und schadest deinem Selbstwert. Kannst du die Maßstäbe für dich aufweichen und auch zu dir gnädiger sein?

Wenn du das tust, stärkst du mit großer Wahrscheinlichkeit deinen Selbstwert. Zusätzlich findest du jetzt ein paar Selbstwert-Booster, die dir helfen, dich in positivem Licht zu sehen und zu beurteilen.

8. Deine Selbstwert-Booster – weil du es wert bist!

Willst du Ärger, Wut und Aggressionen dauerhaft lösungs-orientiert begegnen? Dann brauchst du eine stabile und tief-gehende Motivation dafür, die notwendigen Maßnahmen und Schutzschirme anzuwenden. Ist deine Motivation nur oberflächlich und an Situationen gebunden, dann läufst du Gefahr, dass dich Emotions-Auslöser einnehmen und du immer wieder *re*agierst, statt konstruktiv zu agieren. Eine Triebkraft, die dich unterstützt Ärger, Wut und Aggressionen dauerhaft konstruktiv zu begegnen, liegt in dem Wert, den du dir selbst gibst. Um diesen Wert nicht dem Zufall oder deiner Lebensgeschichte zu überlassen, macht es Sinn, deinem Selbst*wert* ständig Aufmerksamkeit zu widmen. Dafür zeige ich dir in diesem Kapitel Möglichkeiten, diesen zu festigen und anzukurbeln. Die folgenden, einfachen Übungen, die sich entweder auf dein Denken oder dein Handeln beziehen, helfen dir, einen gesunden Selbstwert zu entwickeln oder zu stabilisieren. Sie sind kein Ersatz für Psychotherapie, denn wenn spezifische Traumata dein Leben beeinflussen, ist es sinnvoll, diese mit professioneller Begleitung aufzulösen. Unabhängig davon, ist dein Selbstwert keine Zauberei, son-dern will lediglich regelmäßig von dir gefüllt werden. Nie-mand kann dir diese Aufgabe abnehmen, denn es gilt stets: Nur du bist deines Glückes Schmied.

Booster 1: Anerkenne dich!

Nimm dir jeden Abend zehn Minuten lang Zeit und beantworte folgende Fragen:

- Was ist am heutigen Tag gut gelaufen? Was war mein Zutun? Womit habe ich einen positiven Beitrag geleistet?
- Wem habe ich heute Gutes getan oder eine Freude bereitet?
- In welcher Situation war ich mutig und offen für Neues?
- Habe ich heute Lob erfahren und wenn ja, konnte ich es annehmen?
- Habe ich heute jemanden gelobt?

Für all diejenigen Situationen, in denen du dich gut eingebracht hast, klopfe dir auf die Schultern und lobe dich gebührend. *Weil du es wert bist!*

Wir neigen leider viel zu sehr dazu, weder uns noch andere zu loben. Lob zu erfahren ist Anerkennung. Anerkennung ist ein Grundbedürfnis, das uns innerlich nährt und stärkt.

Kennst du Personen, die sich winden und drehen, wenn sie gelobt oder wertgeschätzt werden? Aussagen wie »das ist ja nicht nötig« oder »kein Problem, das ist ja selbstverständlich« weisen darauf hin. Diesen Personen ist das Annehmen von Lob oftmals nur in jenen Bereichen möglich, in denen das Lob ihr Selbstbild, ihren Selbstwert bestätigt. Wenn du aber einen geringen Selbstwert hast, ist das nicht viel, was du annehmen und aufnehmen kannst. Wie schade! Denn für unseren Selbstwert benötigen wir nicht nur unsere innere Zuwendung und Wert-Schätzung, sondern wollen diese auch von unserer Außenwelt erfahren.

Stell dir vor, du bringst dich in deinem Job immer sehr vorausschauend und hilfsbereit ein und niemand äußert sich positiv dazu. Irgendwann wirst du deine Motivation verringern und dir denken: *»Fällt ja eh niemandem auf, was ich* *tue.*« Sich wertvoll zu fühlen, ist ein soziales Grundbedürfnis. In den Momenten, in denen wir Lob erhalten und annehmen, nehmen wir all die positive Energie, die darin enthalten ist, auf und stärken unser soziales Grundbedürfnis und damit unseren Selbstwert. Und dieser wiederum hilft, die vielen ärgerlichen und aggressiven Situationen, die in unseren Alltagen vorhanden sind, besser zu bewältigen.

Booster 2: Zeige Humor!

Was soll's, ich bekenne: Ich neige dazu, mich beim Essen anzukleckern. Beim Essen bin ich oftmals in einem Flow: Ich genieße, rede, denke über vieles nach oder schaufle genussvoll in mich hinein, weil es gerade so super schmeckt. Wo meine Aufmerksamkeit in diesen Momenten selten ist: auf meiner Kleidung oder auf einer perfekten Führung der Gabel, des Messers oder des Löffels. Und genau deshalb hinterlasse ich immer wieder Spuren. Und ganz ehrlich, ich habe mir auch noch nie das Ziel gesetzt: Jetzt bekleckerst du dich eine Woche nicht. Bis jetzt war mir das noch nie ein Bedürfnis. Und genau deshalb passiert das Beflecken auch in Gesellschaft. Was hilft da besser als Humor? Wenn ich mit Seminarteilnehmern beim Mittagessen sitze und lächelnd sage: »*Wow, jetzt ist es wieder passiert. Soll etwas Schlimmeres passieren. Ich habe bei Veranstaltungen immer eine Reservebluse eingepackt, denn ich weiß ja nie, ob ich mich nicht doch ankleckere. Vielleicht komme ich das nächste Mal mit einem riesigen Lätzchen? Was meint ihr?*«

Hinter diesem Humor steht eine Grundhaltung: *Ich will mich nicht selbst optimieren bis zum Geht-nicht-mehr.* Ich kenne meine Unzulänglichkeiten und mit ein paar davon lebe ich sehr gerne. Natürlich beschmiere ich mich nicht jeden Tag und überall. Aber ich bin doch ein Risikofaktor, gerade dann, wenn ich in Gesprächen bin. Ja und ich lebe gut damit. Ich rede dann über Lätzchen für Erwachsene und lustigerweise ernte ich immer ein Lächeln. Denn wer kennt das nicht? Sich anzukleckern, gerade dann, wenn es ganz und gar nicht passend ist?

Humor macht dein Leben leichter als Ärger oder Wut. Humor verurteilt dich nicht und schützt dich vor einer negativen Bewertung in deiner Selbstwert-Liste.

Wenn du in deiner Liste bereits viele gute Bewertungen hast, wird es dir leichter fallen über dich zu lachen, weil dein Inneres eine gute Balance erkennt. Hast du noch einen niedrigen Selbstwert, wirst du dich auch bei Kleinigkeiten mit grausamer Ernsthaftigkeit verurteilen. Aber nicht nur dich, sondern auch deine Umwelt. Deshalb ist ein guter Schutzschirm gegen so manchen Ärger der Humor: »*Humor ist, wenn man trotzdem lacht*«, sagte bereits der deutsche Schriftsteller Otto Julius Bierbaum und meinte damit eine Bereitschaft zur Heiterkeit, selbst wenn es nichts zu lachen gibt.

Booster 3: Persönlichkeitsdesigns

Bist du in deinem Leben schon einmal in eine Rolle geschlüpft, die dir gar nicht entsprochen hat, aber dennoch zielführend war? Wenn ja, dann hast du imitiert! Imitieren in diesem Zusammenhang bedeutet: Ich versuche, mich so zu verhalten, wie es für mich zielführend ist. Zum Beispiel gibst du dich nach außen sehr ruhig, obwohl es innerlich in dir brodelt. Anfangs mag sich das sehr ungewöhnlich anfühlen, weil das Verhalten wie eine fremde Rolle wirkt oder auch wie eine aufgesetzte Maske. Das ist ein natürliches Empfinden, da wir uns in einer ungewohnten Rolle oftmals unsicher fühlen und uns dadurch auch nicht authentisch erleben. Ein Verhalten kann sich aber nach einiger Zeit gut anfühlen, weil wir eine passende Wirkung erzielen und diese uns gefällt. Dann gefällt uns plötzlich das Verhalten, das zu dieser Wirkung geführt hat und wir empfinden es nach oftmaliger Anwendung richtig gut und zu uns passend. Also Vorsicht! Nur weil es sich anfangs ungewöhnlich anfühlt, muss es nicht negativ oder unpassend sein.

In meinem Beruf nenne ich mich auch gerne die *Persönlichkeitsdesignerin,* weil ich Menschen helfe, neue Denk- und Verhaltensdesigns zu imitieren. Diejenigen Designs, die mittel- und langfristig als angenehm und zielführend erlebt werden, integrieren die Menschen dauerhaft in ihre Persönlichkeit und erweitern und stärken diese damit. Ich habe so viele Selbstwert-Steigerungen mit diesen Designs erlebt, das ist wirklich sehr berührend. Meist sind diese gekoppelt mit dem Kommentar: *»Ich hätte nie geglaubt, dass ich mich so in ein anderes Denken und Handeln verlieben könnte. Mein Leben hat eine neue Richtung genommen. Der Erfolg und meine Lebensqualität sind absolut zufriedenstellend. «*

Aaron, eine hochkarätige Führungskraft, war anfangs ein großer Zweifler bezüglich meiner Persönlichkeitsdesigns. In unserer gemeinsamen Arbeit an seinen Herausforderungen gestand er sich ein: *»Ich habe allen Erfolg erzielt, den ich mir erträumt habe und dennoch gibt es einen Bereich in meinem Leben, den ich nicht im Griff habe: meinen Umgang mit Personen, die ärgerlich sind oder wütend werden. In solchen Situationen brennen bei mir die Sicherungen durch und ich werde aggressiv. Das ist nicht dienlich und passt auch nicht zu meinem Selbstbild. Ich will so nicht sein.«*

Bei genauerer Analyse seines Denkens und Handelns fanden wir nachteilige Grundannahmen. Das heißt Überzeugungen, die einmal in seinem Leben gepasst haben, aber in das aktuelle Leben nicht mehr hineinpassten. Aaron hatte einen alkoholabhängigen Vater, der oftmals sehr ärgerlich und wütend seine Mutter verbal demütigte und erniedrigte. Seine Mutter wurde daraufhin sehr depressiv und Aaron, der sie liebte, brach das das Herz. Diese Erfahrung speicherte sich in seinem Unterbewusstsein als folgende Grundannahme ab: *Wenn ich mich in ärgerlichen Situationen nicht wehre, wird man mich fertigmachen.*

Und jedes Mal, wenn in einer Situation Ärger im Spiel war, begann er sich heftig zu wehren. Auch wenn dieser Ärger nicht einmal auf ihn bezogen war. Damit löste er Dynamiken und Eskalationen aus, die weder günstig für ihn, seine Familie oder seinen Job waren.

Deshalb riet ich Aaron zu folgendem Persönlichkeitsdesign: *»Kommst du wieder in eine Situation, in der du sofort in den Gegenangriff übergehen möchtest, lenke deine Aufmerksamkeit nach außen. So lange, bis du deine Hochspannung abgebaut hast und dich wieder beruhigt hast. Dann stelle souverän und sachlich die Frage: ›Was ist die Ursache des Ärgers, der Aufregung?‹*

Aaron antwortete sofort: *»Souverän? Ich bin niemals souverän oder sachlich in diesen Situationen, denn beim kleinsten Ärger reagiert mein innerstes Alarmsystem extrem und mein ganzer Körper ist angespannt und alles in mir schreit nach Angriff, egal wohin ich meine Aufmerksamkeit lenke!«* Ich entgegnete: *»Nein, Aaron, nicht dein angespannter Körper schreit nach Angriff, sondern dein Innerstes ist getriggert durch Erinnerungen. Aber diese liegen in der Vergangenheit. Deshalb musst du dir bewusst sein, dein Körper ist im Moment in der Vergangenheit. Du kannst dich emotional distanzieren über die Fokussierung auf etwas gänzliches anderes in deinem Leben. Anschließend setzt du dich innerlich auf einen Logenplatz im Theater und beobachtest wie ein Zuschauer das Schauspiel vor dir, wissend, dass deine Gefühle nichts mit dem heutigen Schauspiel vor dir zu tun haben. Deshalb beschreibst du vor deinem inneren Auge das Schauspiel und stellst dir vor, du* *stellst ruhig und souverän die Frage: ›Was ist die Ursache für diesen Ärger?‹«*

Auch wenn du dich innerlich noch etwas unfähig fühlst, dich so ruhig und sachlich zu verhalten, imitiere dieses Verhalten! Das heißt, tue so, als könntest du es! Probiere diese Rolle und handle nicht nach deinen inneren Kommentaren. Denn diese führen dich in einen Kampf deiner Vergangenheit.

Dieses Design – *Ich tue so, als ob ich ruhig und sachlich dem Ärger auf die Spur gehen könnte* – versuchte er letztendlich doch und siehe da, es klappte! Immer und immer wieder, bis es ihm gefiel und er sagte: *»Wow! Deine Denk- und Verhaltensdesigns sind in meine Persönlichkeit übergegangen. Ich fühle mich so wohl mit diesem Verhalten, weil ich erstmals das Gefühl habe, ich habe mich unter Kontrolle in ärgerlichen Situationen. Und wenn es schwierig wird, denke ich stets: ›Imitiere es einfach!‹«*

Als kognitive Verhaltenstherapeutin habe ich mich bereits in jungen Jahren mit diesem Ansatz beschäftigt, weil es ein psychologisch gut untermauerter Ansatz bei Verhaltensänderungen ist. Wie oft bemühen wir uns, unser Verhalten in eine neue Richtung zu verändern, wie zum Beispiel, uns attraktiver zu kleiden oder den Mut, eine neue Sportart in das Leben zu integrieren, und scheitern. Eine nachhaltige Veränderung basiert auf kleinen Schritten, über die wir uns freuen können. Und selbst wenn diese kleinen Schritte uns schwerfallen, wir können jederzeit unsere Gewohnheiten austricksen und so tun, als könnten wir diese kleinen Schritte schon. Also imitieren wir das Neue einfach so lange, bis das neue Verhalten in unserer Persönlichkeit als Gewohnheit angekommen ist.

Booster 4: Liebe dich selbst!

Weshalb ist Selbstliebe im Umgang mit Ärger, Wut und Aggressionen ein Thema? Sie ist deshalb für dich bedeutend, weil sie deine Beziehung und deine Verbindung zu dir selbst ist. Sie zeigt sich in deinem Umgang mit schwierigen Situationen und ebenso in deinem Auftreten nach außen. Die Selbstliebe, auch Eigenliebe genannt, bezeichnet deine Fähigkeit, dich uneingeschränkt zu lieben, mit all den Stärken und den Schwächen, die du in dir vereinst.

Hast du schon einmal darüber nachgedacht, ob du dich uneingeschränkt liebst? Ich gehe davon aus, dass du das üblicherweise nicht tust. Denn meine Erfahrung ist, dass den meisten von uns innere Kritiker anerzogen wurden, mit denen wir uns ständig selbst entwerten oder kritisieren. Es gibt sogar Personen, die diese inneren Kritiker gut finden, denn sie glauben, Selbstliebe sei etwas Überhebliches und Egoistisches. Selbstliebe in ihrer ursprünglichen Bedeutung grenzt sich aber von narzisstischer Egozentrik und Selbstherrlichkeit ab. Denn diese narzisstischen Eigenschaften sind wichtigtuerisch und haben nichts mit Liebe zu tun.

Unsere Fähigkeit zur uneingeschränkten Selbstliebe ist abhängig von unserer Erziehung und den Meinungen unserer unmittelbaren Umgebung. Leider haben wir oftmals die Erfahrung gemacht, dass Liebe nicht umsonst ist, sondern bewiesen werden muss. Damit stirbt unsere Uneingeschränktheit der Liebe. Wenn-dann-Sätze knüpfen stattdessen unsere Liebe an Leistungen.

- Wenn du eine Eins auf die Klausur hast, dann haben wir dich lieb!
- Wenn du das Teller leer isst, dann haben wir dich lieb!
- Wenn du machst, was ich sage, dann habe ich dich lieb!
- Wenn du mir in dieser Sache hilfst, dann habe ich dich lieb!

Liebe ist allerdings per se umfassend. Sie ist akzeptierend, vergebend und zugewandt, egal was gerade passiert. Was nicht bedeutet, dass wir uns in unserem Leben nicht anpassen müssen, Regeln einhalten müssen, uns entwickeln müssen. Aber diese Leistungen sind bestenfalls nicht an die Entscheidung Liebe oder Nicht-Liebe geknüpft. Es sind im Leben wichtige Ziele, ein funktionierendes Miteinander zu haben, gute oder notwendige Leistungen zu erbringen, und vieles mehr. Aber das Nicht-Erbringen einer Leistung, eines Ziels sollte niemals an Liebe oder Nicht-Liebe geknüpft sein. Es gibt vielfältige Wege, um unpassendes Verhalten in die Schranken zu weisen und diesem Grenzen zu setzen. Ein Liebesentzug sollte es nicht sein.

Ich weiß noch, wie Lukas unter seiner Führungsaufgabe litt. Lukas hatte sich in seiner Firma bis in die Geschäftsführung hochgearbeitet. Und war nun der Chef seines besten Freundes Diego. Diego trank schon seit langer Zeit zu viel Alkohol und obwohl ihn Lukas mehrfach darauf hinwies, dass Alkohol während der Arbeitszeit strikt verboten ist, umging Diego dieses Verbot immer und immer wieder. Für Lukas spitzte sich die Situation zu, denn er spürte, alles entwickelte sich in Richtung Kündigung von Diego. Und er wusste, wenn er Diego kündigte, würde dieser in der Gegend keinen Job mehr erhalten, denn in ihrer ländlichen Umgebung kannten sich die Leute und so würde Diego sicher sein Ruf vorauseilen. Lukas wusste deshalb, er würde mit einer Kündigung die Existenz seines Freundes ruinieren und litt massiv unter diesem Konflikt. Die Führungsaufgabe zu wahren und gleichzeitig seinen Freund zu schützen, war für ihn allerdings ab einem gewissen Zeitpunkt nicht mehr möglich. Deshalb kündigte er Diego. Am nächsten Abend stand er vor Diegos Wohnungstüre und sagte: »*Nimm dir ein paar Tage Zeit, das alles zu verdauen und zu realisieren. Ich komme nächste Woche zu dir, helfe dir, Bewerbungen zu verfassen und unterstütze dich, wo immer ich kann, auch bei deinem Alkoholproblem. Als dein Freund stehe ich dir zur Seite.«*

Jedes Mal, wenn ich an diese Geschichte denke, bekomme ich Gänsehaut. Sie berührt mich tief in meinem Innersten. Denn Diego hatte Lukas im Job wirklich einiges abgefordert. Aber Lukas mochte seinen Freund, kannte seine Lebensgeschichte und liebte ihn als Person. Im dem Sinne nahm er ihn an, genauso wie er ist. Deshalb kam er und half.

Unsere Fähigkeit zur Nächstenliebe ist abhängig von unserer Selbstliebe. Wir können andere nur so gut lieben, wie wir uns selbst lieben können. Je allumfassender wir unsere Persönlichkeit lieben, desto allumfassender lieben wir andere. Kennst du dazu das Zitat aus verschiedensten Religionen: *»Liebe deinen Nächsten wie dich selbst«?* (Lev 19,18; Lk 10,27; Gal 5,14)

Psychologisch gesehen haben Selbstliebe und Nächstenliebe einen großen Nutzen für uns. Sie machen uns emotional stabiler. Das bedeutet, dass wir mit weniger Ärger und Wut auf uns oder andere reagieren, weil wir keine zu große Angst vor Ablehnung, Kritik und Zurückweisung haben. Aber auch, weil wir mit stabiler Selbstliebe und Nächstenliebe großzügiger mit Mängeln umgehen. Wir wissen einfach in unserer allumfassenden Uneingeschränktheit, dass wir alle genügend eigene Mängel in uns tragen und uns damit aussöhnen müssen.

Woran erkennst du den Grad deiner Selbstliebe?

● Du kennst deine Bedürfnisse und sorgst aktiv dafür, dass diese erfüllt und anerkannt werden. Du sorgst dafür, dass dir an den Wochenenden alle Familienmitglieder ausreichend im Haushalt helfen. Da du wochentags immer sehr eingeteilt bist, möchtest du an den Wochenenden auch Zeit für dich und deine Hobbys haben, um Energie zu tanken.

- Du gehst liebevoll mit dir um, auch in Situationen, in denen du Schwächen zeigst. Du hast das neue Geschirr, dass dir deine Freundin stolz zeigt, in die Hand genommen und es fällt eine wundervolle große Schüssel zu Boden. Es ist dir sehr unangenehm, aber du bist dir dafür nicht böse, weil du genau weißt, dass es dir unabsichtlich passiert ist und kleine Unachtsamkeiten ein Teil des Lebens sind.

- Du kannst dir immer wieder verzeihen. Im vergangenen Jahr hast du deine Partnerschaft über die Grenzen des Zumutbaren gebracht, weil du dich vollends auf deinen Job konzentriert hast. Erst als du in einem Konfliktgespräch mit deiner Partnerin vor die Tatsache gestellt worden bist, dass du um ein Vielfaches zu weit gegangen bist, verstehst du die Konsequenz deines Verhaltens. Du verzeihst dir dennoch, so lange blind gegenüber den Wünschen und Bedürfnissen deiner Partnerin gewesen zu sein und willst für die Zukunft daraus lernen.

Natürlich können wir nicht alle Bedürfnisse erfüllen. Es ist auch sinnvoll, zu unterscheiden, ob es ein von außen herangetragenes Bedürfnis ist oder ein von innen kommendes. Wenn wir von innen kommende Verlangen zu sehr vernachlässigen, wird es dauerhaft schwierig, in unserer Selbstliebe zu bleiben.

Beispiele für mangelnde Selbstliebe:
- Stell dir vor, es ist ein wunderschöner sonniger Tag und du würdest sehr gerne in der Sonne spazieren gehen. Deine Arbeitszeiten lassen es aber nicht zu. Du sorgst trotz Bedürfnis auch an anderen Tagen nicht dafür, dass du deinen Spaziergang nachholen kannst. Deine Selbstliebe ist nicht vorhanden.

- Stell dir vor, du sitzt am Schreibtisch und hast ein unbändiges Verlangen nach einer Pause. Dein Kopf surrt, du kannst dich nicht mehr konzentrieren. Und dennoch hörst du nicht auf zu arbeiten, weil du es dir nicht zugestehst. In diesem Moment bist du nicht in Selbstliebe, denn du unterdrückst dein Bedürfnis nach Pause.

- Stell dir vor, du liegst barfuß auf dem Sofa vor dem Fernseher und spürst, dass dir in den Füßen kalt ist und du Durst hast. Aus Bequemlichkeit ignorierst du deine Bedürfnisse. In diesem Moment bist du nicht in der Selbstliebe.

- Stell dir vor, du hast unabsichtlich deine beste Freundin versetzt. Sie ist gekränkt und lässt dich das spüren. Du leidest sehr darunter und kannst dir nicht verzeihen, euer Treffen vergessen zu haben. Dann bist du nicht in der Selbstliebe.

Wie können wir aus mangelnder Selbstliebe umfassende Selbstliebe entwickeln?

Die Antwort darauf, wie wir aus mangelnder eine umfassende Selbstliebe entwickeln können, lautet: durch die Änderung unserer Gedanken und Handlungen.

Unsere Persönlichkeit wird durch die Summe unserer Gewohnheiten geformt. Wenn du dich immer gleich verhältst, dann erhältst du auch immer dieselben Wirkungen. Im Innen und im Außen. Willst du deine Selbstliebe fördern, dann ist es wichtig, dass du Gewohnheiten aufbaust, die deine Eigenliebe wachsen lassen.

Kennst du das Trainingsprogramm von Spitzensportlern? Sie praktizieren und trainieren regelmäßig, selbst dann, wenn sie keine Lust dazu haben. Sie tun es aber trotzdem, denn sie haben ein Ziel. Und dieses Ziel steht über ihrem Gemütszustand, über ihren Ablenkungen. Selbst die dauerhaftesten Gewinner trainieren unabhängig ihrer Erfolge ohne nachzulassen, weil dies ihre Leistungen und ihre Wirkungen schärft. Die Erfolge sind Balsam und Lob für die erbrachte Disziplin und motivieren. Aber selbst bei Misserfolgen bleiben sie am Trainieren, nicht weil sie glauben, dass sie sonst verlieren, nein, weil sie überzeugt sind, dass ihnen das guttut. Sie sind damit in ihrer Selbstliebe und in einer Art inneren Verbundenheit und inneren Verpflichtung zu sich selbst.

10 Rituale, die deine Selbstliebe fördern

1. Dir etwas gönnen: Etwas, das dir guttut und dir Freude bereitet.
2. Wohlwollend mit dir zu sprechen, selbst dann, wenn es gerade schwierig ist.
3. Dich liebevoll um deinen Körper zu kümmern: ihn zu pflegen, für genügend Schlaf zu sorgen, dir genügend Erholung zu gönnen, für genügend Bewegung zu sorgen, gesunde, stärkende Ernährung zu ermöglichen.
4. Dich bewusst und liebevoll im Spiegel anzusehen.
5. Für dich einzustehen und darauf zu achten, stets der wichtigste Mensch in deinem Leben zu sein.
6. Rücksichtsvoll mir dir umzugehen.
7. Deine Träume zu finden und zu leben, so gut es möglich ist.
8. All deine Stärken und Schwächen anzuerkennen.
9. Dir Glück und Erfolg zu gönnen.
10. Zeige dir, dass du dich magst. Liebe dich!

Sobald du diese Gewohnheiten lebst, sendest du Signale an dein Unterbewusstsein und dein Bewusstsein. Du stärkst *und* förderst damit die positive Verbindung zu dir selbst und damit deinen positiven und gewinnbringenden Umgang mit anderen. Du wirst schneller gewillt sein, all die Strategien, im Umgang mit Ärger, Wut und Aggressionen anzuwenden, weil eines deiner obersten Ziele die Selbstliebe sein wird.

Aus meiner Sicht ist die Selbstliebe eine Brücke zu unserem Nächsten und je widerstandfähiger und stabiler diese Brücke ist, desto besser ist unser Halt in stürmischen Zeiten.

Booster 5: Erweitere dein Bewusstsein!

Kennst du diesen Gedanken: *»Zu spät erkannt! Hätte ich die Lösung schon früher gewusst, wäre vieles einfacher gewesen!«* Ich kenne diesen nur allzu gut und deshalb habe ich mich lange damit beschäftigt, wie ich diese *Zu-spät-erkannt-Falle* verringern kann. Die Lösung ist einfach: mit Zeit für Innenschau. Mit Zeit für Selbstbetrachtung.

Sicherlich kennst du den Begriff *Meditation*. Ihre gesundheitsfördernde Wirkung ist mittlerweile in aller Munde. Der Begriff *Meditation* bedeutet Selbstbetrachtung. Sich selbst im Inneren in Ruhe zu betrachten, durch bewusste ruhige Zeiten mit sich. Dadurch erweitern wir unser Bewusstsein für uns und unsere Umwelt. Und zwar ohne Hexerei.

Ich kann mich noch so gut an meinen ersten Meditationskurs vor circa zehn Jahren erinnern. Meine liebe Kollegin Ewi meinte: *»Du wirst sehen, das tut dir gut, du kommst in eine innere Harmonie und Verbundenheit mit dir, die dein Leben massiv verändern wird.«* »Okay«, dachte ich und angesichts der Tatsache, dass ich mich gerade in einer sehr unruhigen Lebensphase befand, wollte ich sehen, was das kann. Und so ging ich in die erste Kursstunde. Das Ziel war, ruhig zu sitzen, die Augen geschlossen zu halten und sich nicht mit äußeren Reizen abzulenken. Ewi sagte dazu: *»Diese Ruhe ist anfangs weder lustig noch angenehm, sondern vielmehr ist es anstrengend, nur mit sich zu sein.«* Und so war es auch bei mir. Nach fünf Minuten kamen die ersten Gedanken, die lauteten: *»Ich will die Augen wieder öffnen, ich will etwas sehen, etwas erleben, ich will nicht im Inne-*

ren, sondern im Außen sein! Das ist langweilig hier im Inneren, da kommen unangenehme Gedanken, die ein unangenehmes Gefühl auslösen. Weshalb soll ich das aushalten? Das kann mich doch nicht in Harmonie und Verbundenheit bringen!« Ewi überließ die Gruppe auch nur kurze Zeit sich selbst und erklärte uns anschließend, wie normal unsere inneren Ausreden zum Aussteigen aus der Innenschau sind. Sie sagte: *»Es ist ungewohnt, in völliger Ruhe in unser Innerstes einzutauchen und alles so anzunehmen, wie es ist. Meist sind unangenehme, ärgerliche Gedanken an erster Stelle. Diese auszuhalten, bis sie sich beruhigen, ist eine Heldenleistung.«* Und wie wahr, ich fühlte mich damals als Heldin, weil ich mich fünf Minuten ausgehalten hatte.

Sie bat uns, diese ruhige Innenschau regelmäßig zu üben. Anfangs legte ich mich zu Hause auf mein Bett. Mein Bett war mein Übungsplatz. Das war bequem. Und so legte ich mich jeden Tag mindestens fünf bis zehn Minuten lang auf mein Bett, schloss meine Augen und hielt all das aus, was an Gedanken und Gefühlen in mir hochkam. Und irgendwann begann aus dem Aushalten ein anderes Gefühl zu entstehen, nämlich Neugierde. Vielleicht fragst du dich jetzt: *Wieso Neugierde?* Ich machte plötzlich immer dieselbe Erfahrung. Wenn einmal die ersten negativen Gedanken und Gefühle eine Zeitlang abliefen, beruhigten sie sich und das tat unendlich gut. Diese Beruhigung, dieses Gefühl, dass nach negativer Aufregung in mir innere Ruhe zu spüren ist, war einfach wunderbar. Denn sobald ich in der Ruhe angekommen war, fühlte ich mich nur noch entspannt und in Leichtigkeit. Und diese innere Ruhe ist ein Gefühl der Selbstliebe, Selbstannahme, Selbstverbindung, das unendlich emotional auftankt. Es ist ein Gefühl des Einsseins mit sich und der Welt, des inneren Friedens und einer inneren Gelassenheit, die mir bis dato unmöglich erschien. Ich begann diese Innenschau-Zeiten zu lieben. Ich kann mich noch erinnern, wie glücklich ich diese Innenschau-Zeiten ausdehnte und wie ich durch die regelmäßige Mediation ein neuer Mensch geworden bin. Ewis Worte hatten sich bewahrheitet und ich bin bis heute noch immens dankbar dafür.

Die bewusste Bewusstseinserweiterung und innere Gelassenheit durch Meditation sieht allerdings in meinem Berufsalltag naturgemäß gänzlich anders aus. Denn im Job habe ich meist kein ruhiges Zimmer mit Kissen oder bequemen Stühlen zur Verfügung. Deshalb greife ich auf eine andere Möglichkeit zu, die jedem von uns zur Verfügung steht. Ich ziehe mich in schwierigen Situationen in der Pause fünf Minuten in die Toilettenkabine zurück. Dort stört mich niemand, ich setze ich mich auf den zugeklappten WC-Deckel, schließe meine Augen und lasse all das, was gerade passiert ist, vor meinem inneren Auge ablaufen. Und dann beginnt es sich zu ordnen, weil ich es annehme und mich annehme mit all dem, was gerade passiert ist, bis ich in eine innere Ruhe komme. Nach diesen Minuten gehe ich wieder zurück an den Arbeitsplatz, geordnet, geerdet und fokussiert. Mich annehmend und alle anderen, die im Raum sind. Dann gelingt es auch, passende Lösungen einzubringen, die unabhängig von Ärger, Wut oder Aggressionen sind. Durch meine regelmäßige Übung in Bewusstseinserweiterung ist es möglich, in Kürze in einen ruhigen Zustand zu gleiten und sich nicht in negativen Emotionen gefangen zu halten.

»Meditation macht Sie zu einem besseren Menschen«, führt Gina Metzler in ihrem Artikel *»Meditation: 7 wissenschaftlich belegte Vorteile geistigen Trainings«* an: Ich teile ihre Meinung neben vielen anderen Vorteilen, die sie anführt, wie zum Beispiel:

- Meditation lindert Schmerzen.
- Meditation verbessert die Schlafqualität.
- Meditation befreit von Stress.
- Meditation kurbelt die Kreativität an.

Zusätzlich belegen Forschungsergebnisse, dass Meditation einen immensen Vorteil für unsere Persönlichkeit und die Menschen in unserer Umgebung hat. So zeigen Studien der Harvard University eindeutig, dass Meditation unser Bedürfnis, Gutes zu tun, fördert.

Was kann es Wünschenswerteres geben? Die Bewusstseinserweiterung, die wir durch Meditation erfahren, hilft uns:

- bei einer besonnenen Steuerung unserer Gedanken und Gefühle,
- unser Handeln weniger von negativen Emotionen anderer beeinflussen zu lassen,
- lösungsorientiert zu handeln,
- Negatives loszulassen,
- inneren und äußeren Frieden anzustreben,
- unseren Körper in Ruhe und Harmonie zu lenken und damit unser Immunsystem zu stärken.

9. Top-5 Wegweiser: Dauerhaft Ärger, Wut und Aggressionen aus dem Leben verbannen

Auf den vorangegangenen Seiten habe ich dir erklärt, was es mit unseren Aggressionen auf sich hat, was sie schürt und wie du sie lenken kannst. Zusätzlich hast du erfahren, was du benötigst, um dich vor diesen zu schützen und konstruktiv zu handeln. Zum Abschluss möchte ich dir einen kurzen Leitfaden mitgeben, der die Wertungen deiner Erlebnisse dauerhaft verändern kann und negative Emotionen gegen Leichtigkeit tauscht.

Deine radikale Akzeptanz

Wie oft höre ich die Sätze: »*Was soll ich tun, wenn andere aggressiv werden oder mich so provozieren, dass ich gar nicht in Ruhe bleiben kann? Das hält ja kein Mensch aus und schon gar nicht in Gelassenheit?*«

Diese Sätze enthalten die Opferrolle. Nichts und niemand hält uns davon ab, in Ruhe zu bleiben, außer wir geben dieser Person oder diesen Umständen die Macht oder die Erlaubnis dazu. Wir können immer und überall in die oftmals erwähnte Haltung gehen, Geschehnisse emotional distanziert zu beobachten. Das bedeutet, dass wir negative Gefühle aktiv von uns wegsteuern, anstatt ihnen hilflos ausgeliefert zu sein. Vielmehr ist es so, dass erst dann, wenn wir aktiv beginnen, Geschehnisse negativ zu bewerten, wir auch in negative Gefühle wie Ärger, Wut oder in darauffolgendes aggressives Verhalten verfallen.

Das bedeutet: selbstgemacht. Denn wer hat dich gezwungen, in das Problemfeld des anderen einzusteigen? War es wirklich der oder die andere? Hat ein wütendes Gegenüber zu dir gesagt: »*Ich will, dass du dich in negative Gedanken verstrickst, dich verärgerst und aggressiv gegen mich vorgehst oder vor mir davonläufst?*« Ich denke zum einen, natürlich sagt kaum jemand so etwas zu uns, und zum anderen, selbst wenn es jemand sagen würde, muss ich diesen Auftrag annehmen?

Wir sind immer eigenverantwortlich für das, was in unserem Leben geschieht. Auch wenn wir unerwartet in eine emotionale Hochspannung schlittern, müssen wir uns fragen: Was kann ich tun, damit ich rasch aus dieser Hochspannung herausfinde und vor allem auch, was muss ich tun, um nicht mehr in diese Hochspannung zu geraten?

Lösungsschritte dafür sind:
- *Finde deine beste Methode,* dich aus der Hochspannung zu lösen. Möglichkeiten dazu findest du im Kapitel Sofort!-Maßnahmen.
- *Nutze Frühwarnsysteme:* Überlege, welche Persönlichkeiten, Verhaltensweisen und Situationen ein Risikofaktor für negative Emotionen bei dir sind? Akzeptiere, dass du in diesen Situationen Sofort!-Maßnahmen und vor allem auch die psychologischen Schutzschirme anwenden musst. Unüberlegtes Verhalten führt dich in deinen Risiko-Erlebnissen häufig in Schwierigkeiten.

- *Lerne deine inneren Blockaden oder inneren Widerstände kennen,* welche deine Akzeptanz, dass es immer auch an dir liegt, verhindern.
- *Halte bei jeder Gelegenheit, dich zu ärgern, inne* und hinterfrage, ob du das Opfer deiner Gefühle oder das Opfer der Gefühle anderer sein willst.

Dein Fokus

Jede Situation birgt eine Chance und eine Niederlage in sich. Selbst dann, wenn plötzlich Umstände oder Verhaltensweisen anders laufen, als wir sie uns vorgestellt oder erwartet haben, gibt es jeweils diese zwei Möglichkeiten.

Sehr häufig habe ich in meiner Arbeit gehört: »*Ich habe alles getan, um eine Top-Leistung abzuliefern und dennoch hat jemand anderes die Zulage bekommen. Ich bin so etwas von wütend. Ich hätte nichts anders machen können.*« Ja, so ist es. Immer wieder zeigt uns das Leben, dass es nicht nur großmütig oder loyal zu uns ist. Es gibt genauso unangebrachte, unangemessene, unehrliche, unschöne, hinterlistige, widersprüchliche und andere negative Aktionen und Konsequenzen.

Denkst du dann:
- *»Das will ich nicht«,*
- *»Das gefällt mir nicht«,*
- *»Das ist nicht okay«?*

Wenn du so denkst, dann erzeugst du in Millisekunden Ärger und negative Konsequenzen. Entweder in deinem Körper, deiner Seele oder im Außen.

Denk doch einmal daran, dass es dir sehr guttut, dass zum Beispiel bei den Nachbarn eingebrochen wurde und nicht bei dir. Dass dein Auto nicht zerkratzt wurde, obwohl am Parkplatz viele andere Autos Schaden nahmen. Dass dein Kind gesund und unbeschadet ist.

Wenn wir schon so schnell Ereignisse verurteilen und als Anlass für berechtigten Ärger nehmen, dann ist es sinnvoll, ebenso in Sekundenschnelle unsere Dankbarkeit, für alles, was in unserem Leben gut läuft, zur Hand zu haben. Denn dann haben wir in unserem Fokus, dass es viele gute Aspekte in unserem Leben gibt und sich vieles zum Guten gewendet hat. Und das, obwohl wir es niemals vermutet hatten. Das Leben zeigt sich uns von vielen Seiten. Von angenehmen und unangenehmen. Es kommt auf dich an, auf welche Seite du schaust! Auf die ärgerliche oder die, für die du jeden Tag dankbar sein kannst. In der Dankbarkeit findest du auch die Chancen für die momentanen Geschehnisse. Jede Niederlage enthält einfach immer eine Chance. Auch wenn wir diese zu diesem Zeitpunkt noch nicht erkennen.

Francis Bacon bringt es auf den Punkt: *»Nicht die Glücklichen sind dankbar, es sind die Dankbaren, die glücklich sind.«*

Deine positiven Energien schützen

Vielfältige Symptome bringen den Organismus aus der Balance und mich dazu, nachzudenken, ob ich mich wegen eines unangenehmen Moments als ganze Person in negative Energien und Stress bringen will. Jede meiner Zellen ist betroffen, wenn ich mich schlecht fühle und in einem Ausnahmezustand bin. Das kostet den Körper sehr viel Substanz. Denn es benötigt wiederum viele Ressourcen, um aus diesem negativen Zeitfenster herauszukommen und eine Balance herzustellen. Stell dir vor, du hast eine Batterie, die regelmäßig stark beansprucht, aber wenig aufgeladen wird. Irgendwann ist sie leer oder defekt. Wie erwähnt, weisen sehr vielfältige körperliche Symptome auf unseren unangemessenen Umgang mit unseren Gefühlen hin.

Frage dich deshalb stets:

- Ist das, was gerade abläuft, wirklich wert, meinem Körper Ressourcen abzusaugen?
- Ist es eine Person wirklich wert, dass ich eine toxische Situation in mir aufbaue und meiner Gesundheit schade?
- Will ich kostbare Ressourcen wegwerfen, die mein Leben besser machen könnten, wenn ich diese zielorientiert einsetzen würde?

Auch wenn unser menschlicher Organismus eine Unmenge an Ressourcen zur Verfügung stellt, willst du diese wirklich so leichtfertig verschwenden, anstelle diese konstruktiv in eine Zielgerade einzusetzen?

In jeder Situation, in der du negativen Energien meidest, spürst du sofort, wie viel mehr Energie du für anderes zur Verfügung hast. Deine Schlafqualität ist um ein Vielfaches besser und deine Fähigkeit zu regenerieren auch.

In meinen Seminaren gebe ich gerne diese Reflexionsübung vor: Stell dir vor, du bist Beobachterin auf deinem eigenen Begräbnis. Alle Anwesenden werden nach der Beisetzung in eine Galerie geführt. Diese ist mit Bildern zu deiner Person gefüllt. Welche Bilder von dir möchtest du sehen? Bilder auf denen du streitbar, verärgert, zickig, zornig bist oder jene, auf denen du souverän, fröhlich und ausgeglichen bist? Als welche Person möchtest du dargestellt werden? Als eine, die sich schnell emotional beeinflussen ließ, oder als eine, die ihren Weg ging, ihre Ziele verfolgte mit all den Höhen und Tiefen, die das Leben bringt. Gesund, in Balance und bei sich.

Gesundheit und Glück sind keine Talent- oder Zufallssachen. Gesundheit und Glück werden von unseren Einstellungen und Handlungen beeinflusst.

Weshalb strahlen manche ältere vitale Menschen noch immer stark? Weil sie viel Toxisches losgelassen haben, um dauerhaft in ihrer Kraft und ihrer Gelassenheit zu sein.

Mit welcher Persönlichkeit möchtest du dein Leben füllen? Mit einer, die dich ins Grab bringt oder einer, die dich vital reifen lässt und dir einen zufriedenen Gesichtseindruck hinterlässt?

Mach dir nichts vor!

Wie schnell und leicht haben wir doch andere in der Mangel. In der Beobachtung einer Situation oder im direkten Erleben neigen wir rasch dazu, »*die anderen*« als nicht so *gut* wie uns einzustufen. Deshalb geben wir uns die Erlaubnis, uns für die anderen Personen auch nicht tiefgehend zu interessieren. Vielmehr sind diese in unseren Gedanken meist selbstsüchtig, grob oder gemein. Aber was motiviert uns, so zu denken und zu handeln?

Wir kennen uns selbst sehr gut. Wir haben unsere Lebensgeschichte direkt erlebt, verarbeitet und wissen, wie viel »Gutmensch« wir in uns haben, wie toll wir doch auch sein können und wie viele Rechte wir uns zugestehen. Das alles wissen wir allerdings bei Gegenübern meist nicht. Da vermuten wir oftmals, dass diese Person in Summe schlechtere Absichten hat als wir, übergriffiger und entwertender ist, also einfach mehr ein Fiesling, als wir es sind. So widerlich wie »*die anderen*« es sind, stufen wir uns doch selten ein. Sollten wir dennoch auch einmal Giftspritzer oder Quälgeister sein, rechtfertigen wir das meist, weil wir einen guten Grund dafür haben. Diesen kennen wir ja auch bestens. Aber kennen wir den guten Grund der anderen Widerlinge? Kennen wir ihre Lebensgeschichten, kennen wir ihre momentanen Lebenslagen? Wissen wir, was sie gerade durchmachen? Haben wir den Anspruch, dass deren Leiden im Umgang mit uns kein Thema sein dürfen, umgekehrt aber, wenn es uns schlecht geht, erlauben wir uns, Fiesling zu sein und erwarten dann Verständnis von den anderen? Zeigen wir wirklich ehrliches Interesse am anderen, so wie an uns selbst? Oder wollen wir einfach uns bestätigen, während wir die anderen entwerten? Damit haben wir unsere eigene Person auf alle Fälle gut positioniert.

Hast du dir schon einmal Gedanken über deine Ansprüche an andere gemacht? Bist du sicher, du misst dich mit demselben Maßstab? Vorsicht, dass du dich nicht täuschst! Und damit enttäuschst.

Halte kurz inne und frage dich ehrlich:
- Erwartest du dir stets rücksichtsvolles Handeln von anderen?
- Erwartest du dir stets Respekt von anderen?
- Erwartest du dir stets, dass jemand dir zuhört, wenn du sprichst?
- Erwartest du dir, dass Kinder immer gehorchen?
- Erwartest du dir stets, dass deine Leistungen anerkannt werden?

Ich könnte diese Liste endlos fortsetzen, aber es geht hier nicht um einzelne Fragen, sondern um die Botschaft dahinter.

Frage dich in einem zweiten Schritt:
- Erfüllst du die Erwartungen der anderen?
- Hörst du wirklich immer zu, wenn jemand anderes spricht?
- Bist du wirklich stets respektvoll und wertschätzend?
- Versuchst du niemals, andere in deinen Ärger miteinzubeziehen?
- Bist du niemals unfair, egozentrisch oder gemein?

Auch hier könnte ich die Liste endlos fortführen. Solltest du alle Fragen aufrichtig mit Ja beantworten, gibt es ein anderes Thema in deinem Leben. Ein Thema, das dir mit Sicherheit viel Druck auferlegt. Und ich vermute, dass du eher ange-spannt lebst als entspannt, fröhlich und flexibel.

Alle, in den Fragen enthaltene Themen sind für ein ge-lingendes Miteinander wichtig. Es sind Verhaltensweisen, die wir in einem gewissen Prozentsatz anstreben sollten, wenn wir ein gedeihliches Miteinander haben wollen. Aber wir müssen ehrlich zu uns sein und erkennen, dass wir nicht perfekt sind – und selbst wenn wir es glauben, täuschen wir uns meist. Weil der Mensch kein einwandfreies Wesen ist.

Mach niemals dich oder andere zu Feinden, nur weil Er-wartungen und Anspruchshaltungen nicht zur Gänze erfüllt werden. Setze dich mit dem anderen auseinander, verhandle und versuche, gemeinsam Ziele zu erreichen.

Sei dir aber bewusst, dass niemand perfekt ist und sein wird! Weder du noch andere. Liebe den anderen so wie dich und du wirst spüren, plötzlich gibt es da mehr als nur eine *Situation*. Nämlich: *ehrliches Interesse*.

Teil der Lösung sein

Die Tochter deines Nachbars spielt neuerdings jeden Abend bis Mitternacht sehr laut Rock-Musik. Nach zwei Wochen reißt dir der Geduldsfaden, du läutest an Nachbars Türe und sagst mit lauter, ärgerlicher Stimme: »*Wissen Sie nicht, wie spät es ist? Es ist eine Unverschämtheit, jeden Tag um diese Zeit so laut Musik zu hören!*«

Was glaubst du, was passiert? Wird die Tochter Rück-sicht nehmen oder dir eher den Stinkefinger zeigen und bis mindestens 23:30 Uhr weiterhin so laut spielen, mit der Be-gründung: »*Ich spiele nicht mehr so lange.*« Wenn du Glück hast, verbieten ihre Eltern das laute Musikhören. Dennoch hat dein wütender Auftritt das Nachbarschaftsverhältnis ab diesem Zeitpunkt deutlich angekratzt.

Selbe Szene, anderes Verhalten: Du läutest am frühen Abend bei deinen Nachbarn an und erzählst ihnen, dass deine Arbeit um 08:00 Uhr früh beginnt und du jeden Tag um 06:00 Uhr aus dem Bett musst. Da du nicht so tief schläfst, bittest du die Tochter, sie möge ab 22:00 Uhr die Musik leiser drehen. Sollte dennoch kein Entgegenkommen eintreten, bittest du den Hausverwalter um einen höflichen Hinweis.

Welche Überzeugung trägst du in dir?

- Nur mit Ärger und Aggression können wir das Verhalten von Menschen eindämmen oder diese zur Veränderung veranlassen!
- Wenn wir ein konstruktives Gespräch führen oder deutlich Grenzen setzen, sind Menschen bereit, ihr Verhalten zu verändern!

Halte kurz inne, denn deine Überzeugung lenkt dich. Je nachdem, welchem Standpunkt du folgst, wirst du dein Verhalten setzen.

Wir alle wollen ungestört unser Leben genießen und bestmöglich auch andere nicht stören müssen. Dennoch Ärger und Wut und Aggression gehören zu unserem Leben wie Glück und Freude. Sie sind anwesend und in vielen Situationen sinnvoll. Gerade dann, wenn wir uns bedroht fühlen, bilden sie ein Reaktionsmuster, dass uns schnell Aufmerksamkeit und Energie zur Verfügung stellt.

Aber wie oft bist du in deinem Alltag in einer echten Bedrohung?

- Ist ein Arbeitskollege, der dich anbrüllt, wirklich eine Person, die deine Existenz oder dein Leben bedroht?
- Ist dein Schwager, der dich wieder einmal zur Weißglut treibt, wirklich dein existenzieller Gegner?
- Ist die Kollegin, die dich vor anderen schlechtmacht, wirklich deine nicht in den Griff zu bekommende Rivalin?

Wahrscheinlich bergen all diese Situationen stachelige, respektlose und vielleicht sogar entwürdigende Angriffe. Aber musst du dafür das Schwert zücken und um dein Leben kämpfen? Würde es nicht mehr Sinn machen, deinen Widersachern gekonnt die Grenzen zu stecken? So weit, bis es ihnen unangenehm ist oder sie keinen weiteren gemeinsamen Weg mehr erkennen?

Wir sind anderen niemals ausgeliefert. Und wenn eine Person unsere Grenzen stets überschreitet, ist es an der Zeit, auch einmal Abschied zu nehmen und nach neuen Lösungen zu suchen. Vielleicht sind wir dann für eine Zeitlang orientierungslos, aber wenn wir die Orientierung wiedergefunden haben, finden wir zu einer Umgebung, die zu uns passt, mit all den Herausforderungen, die es im Miteinander gibt.

Lass dich nicht schikanieren und in einem Teufelskreis an Ärger, Wut und Aggression verfangen! Dein Leben ist keine Schlacht, sondern ein Ort, an dem wir unsere Möglichkeiten in Würde und guter Manier leben können. Vielleicht ist es nicht immer der Weg, den wir uns wünschen. Aber auf alle Fälle der Weg, den wir uns schulden und auf den wir gerne zurückblicken.

Anhang

Mein Danke!

Ein Buch zu schreiben bedeutet für mich, in meine innere Welt einzutauchen, Inhalte aufzusaugen, mich mit diesen intensiv auseinanderzusetzen und aus einem anfänglichen Themen-Chaos eine geordnete Welt und Abfolge zu gestalten.

Diese jeweilige Auseinandersetzung und ihre Ergebnisse sind etwas sehr Persönliches. Ich spüre immer, wie viel meiner Seele in meinen Büchern ist. Ich möchte, dass die Leserinnen und Leser mich in meinen Stärken und Schwächen erkennen und Freude darin finden. Sie sollen nicht nur Wissen erwerben, sondern auch eine Person vorfinden, die ihnen gerne zur Hand ist.

Um das zu ermöglichen, brauche ich eine liebevolle, geduldige und unterstützende Umgebung, die mir alle meine Eigenheiten während des Schreibens und Gebens genehmigt.

Dafür möchte ich mich von Herzen bei meiner rücksichtsvollen und sich zurücknehmenden Tochter, meinen geduldigen und stets ein offenes Ohr habenden besten Freudinnen, meiner Assistentin Jana Garbe, die mir täglich den Rücken gestärkt und frei gehalten hat und meinem Partner, der mich in seinen Möglichkeiten bestens unterstützt hat, bedanken. Zusätzlich all meinen Kunden und Kundinnen, die während der Schreibphasen stets eine Zeitlang auf meine Begleitung verzichten und sich immer geduldig und treu zurückmelden. Ihr alle habt mich tagtäglich motiviert, das Thema in ein Buch zu bringen und zu verbreiten.

Dem Goldegg Verlag möchte ich wieder für das entgegengebrachte Vertrauen und die Hingabe bedanken!

Danke auch an alle, die mich in meinem Leben geprägt haben und in meinem Innersten verankert sind, so dass dieses Buch entstehen konnte!

Literatur Printmedien

Auch-Schwelk, Annette: Wut und Ärger. Gut umgehen mit starken Gefühlen. Haufe Verlag. 2018.

Bandler, Richard: Patterns: Muster der hypnotischen Techniken Milton H. Ericksons. Junfermann Verlag. 2015.

Bierbaum, Otto: Yankeedoodle-Fahrt und andere Reisegeschichten. 1909.

Birkenbihl, Vera F.: Jeden Tag weniger ärgern. Mvg Verlag. 2018.

Boerner, Moritz: Ärger und Frustration auflösen. Gabal Verlag. 2005.

Bohus, Martin: Wolf-Arehult, Martina: Interaktives Skillstraining für Borderline-Patienten. 2018.

Chajim, Jakob Ben: Talmund. 1523.

Doyle Gentry, William: Aggressionen bewältigen für Dummies. Wiley WCH Verlag. 2004.

DGB-Index Gute Arbeit. Der Report. 2018.

Eisenberger; Naomi; Lieberman, Matthew; Williams, Kipling: Does rejection hurt? An FMRI study of social exclusion. Science. 2003.

Esser, Michael; Schmitt, Tom: Statusspiele. Wie ich in jeder Situation die Oberhand behalte. Fischer Taschenbuchverlag. 2016.

Faulkner, William.: Intelligenz ist die Fähigkeit, seine Umgebung zu akzeptieren. In Simon, Hermann (Hrsg.), Geistreiches für Manager. Frankfurt a.M. u. New York: Campus. S. 43. 2000.

Hadfield, Sue; Hasson, Gill: Freundlich aber bestimmt. dtv Verlag. 2013.

Kornfield, Jack: Offen wie der Himmel, weit wie das Meer. Allegria Verlag. 2006.

Leopold-Franzens-Universität Innsbruck/ AK Österreich: Bestandsaufnahme der Arbeitssituation von ArbeitsmedizinerInnern, Sicherheitsfachkräften und ArbeitspsychologInnen in Österreich. 2015.

Mai, Jochen: Die Karrierebibel. dtv Verlag. 2018.

Moestl, Bernhard: Denken wie ein Shaolin. Die sieben Prinzipien emotionaler Selbstbestimmung. Knaur Verlag. 2016.

Nolting, Hans-Peter: Lernfall Aggression. Wie sie entsteht- wie sie zu verhindern ist. Rowolt Taschenbuchverlag. 2014.

Petri, Tamara: Manipulationstechniken. Erkennen wann Sie selbst manipuliert werden und im täglichen Leben andere Menschen zu ihrem Vorteil manipulieren. 2018.

Robinson, Duke: Too Nice for Your Own Good. How to Stop Making 9 Self-Sabotaging Mistakes. Hachette Book Group. 2019.

Smith, Shawn T.: Surviving Aggressive People. Mesa Press. 2014.

Sutton, Robert I.: Überleben unter Arschlöchern. Wie Sie mit Leuten klarkommen, die andere wie Dreck behandeln. Piper Verlag. 2018.

Uhr, Andrea: Aggression und Emotionen im Straßenverkehr. Bfu. Bern. 2014.

Williams, Redford: Anger Kills. Seveteen strategies for controlling the hostility that can harm your health. HarPeren. 1994.

Zarncke, Friedrich: Das Nibelungenlied. Wigands Verlag. 1875.

Literatur im Internet

https://www.absolventen.at/magazin/
    koerpersprache-wie-viel-verrate-ich-ohne-es-zu-merken/

https://www.aerztezeitung.de/medizin/krankheiten/neuro-psychiatrische_krankheiten/depressionen/article/845852/maenner-depressiv-macht-aggressiv.html

https://aggressionenabbauen.de/aggressives-verhalten-bei-ma-
ennern-eine-maennerdepression
https://www.andreas-hofmann.net/selbstliebe-lernen/
https://www.angstkontrolle.de/wann-angst-hilfe-braucht/
angstaggression/
https://www.angstselbsthilfe.de/wp-content/up-
loads/2016/01/25.pdf
https://www.aphorismen.de/
suche?text=wütend&autor_quelle=epiktet
https://www.aphorismen.de/zitat/108653
https://www.apotheken-umschau.de/Psyche/Warum-staendi-
ges-Gruebeln-schadet-338081.html
http://www.arbeitsblaetter.stangl-taller.at/EMOTION/Emo-
tionEntwicklung.shtml
http://arbeitsblaetter.stangl-taller.at/EMOTION/A-Gene-
tisch.shtml
https://www.aspetos.com/de/post/warum/3133
http://www.beziehungsaspekte.com/de/angst-und-aggression.
html
https://www.blickoeffnung.de/wie-man-seine-einstellung-po-
sitiv-aendert-wenn-man-die-situation-nicht-aendern-kann/
https://books.google.at/books?id=jTrpDAAAQ-
BAJ&pg=PT57&lpg=PT57&dq=%C3%A4rgerhem-
mung&source=bl&ots=pIM_CmVzfv&sig=AC-
fU3UowSQYkd7PV9e9bnrBTvuFpYq-
pLYw&hl=de&sa=X&ved=2ahUKEwjHz8_VhoTgAh-
VI1eAKHS4cCtoQ6AEwAHoECAMQAQ#v=onepa-
ge&q=%C3%A4rgerhemmung&f=false
https://www.businessinsider.de/10-subtile-anzeichen-dafu-
er-dass-sich-jemand-passiv-aggressiv-euch-gegenueber-ver-
haelt-2018–9
http://www.charaktereigenschaften24.de/temperamentvoll/
https://www.consulting.de/hintergruende/meinung/
einzelansicht/was-fuer-ein-saftladen/
https://www.das-burnout-syndrom.de/burnout-phasen/
emotionale-reaktionen/

https://www.dasgehirn.info/denken/emotion/
auf-der-spur-der-gefuehle
https://www.dastutmirgut.net/
wieso-entspannen-mit-kopfarbeit-zu-tun-hat/
https://www.degruyter.com/downloadpdf/books/9783110307
085/9783110307085.103/9783110307085.103.pdf
http://de.in-mind.org/article/
heute-schon-geraecht-ursachen-und-folgen-von-rache
https://www.derstandard.at/1399507622687/
Aggression-als-wichtiger-Teil-des-Familienlebens
https://derstandard.at/2000005049864/
Depression-Aggression-als-Symptom
https://www.derstandard.at/2000042149280/
Je-geringer-der-Selbstwertschlechter-die-Beziehung-desto
https://www.desired.de/liebe/beziehung/bezie-
hungsprobleme/passiv-aggressives-verhal-
ten-beziehungen/https://de.wikipedia.org/wiki/
Passiv-aggressive_Pers%C3%B6nlichkeitsst%C3%B6rung
https://www.deutschlandfunk.de/bindung-angst-und-aggres-
sion.1148.de.html?dram:article_id=180299
https://de.wikipedia.org/wiki/Liste_geflügelter_Worte/H#Hu-
mor_ist,_wenn_man_trotzdem_lacht.
https://de.wikipedia.org/wiki/Kritikkompetenz
https://de.wikipedia.org/wiki/Liste_geflügelter_Worte/H#Hu-
mor_ist,_wenn_man_trotzdem_lacht.
https://de.wikipedia.org/wiki/Selbstliebe
https://diepresse.com/home/panorama/gesundheit/5213349/
Anleitung-zur-Selbstliebe
https://educalingo.com/de/dic-de/aggressivitat
https://www.emotion.de/persoenlichkeit/traumata-der-kind-
heit-fuehrt-zu-problemen-als-erwachsener
https://www.femelle.ch/liebe/psychologie/passivaggressiv-ur-
sache-und-wirkung-von-subtilen-sticheleien-1267
https://www.focus.de/wissen/mensch/sprache/eng-
lisch-sprachkurs/tid-7184/psychologie_aid_130863.html
http://geb.unigiessen.de/geb/volltexte/2006/3693/pdf/Vaitl_
GU_39_06.pdf

https://www.gesundheit.de/krankheiten/gehirn-und-nerven/
alzheimer-und-demenz/agitiertheit
https://www.gewaltinfo.at/themen/2014_03/definitionen.php
https://www.huffingtonpost.de/andreas-hecht/schlimm-
sten-fehler-koerpersprache_b_7939164.html
https://www.huffingtonpost.de/2014/12/13/meditation-vortei-
le-wissenschaftlich-belegt_n_6319748.html
https://idw-online.de/de/news129590
https://www.kathrin-stavenhagen.de/index.php/
blog-news/9-selbstvertrauen-oder-selbstwert-was-denn-nun
https://krank.de/koerperprozesse/aggression/
https://karrierebibel.de/aufrichtigkeit/
https://karrierebibel.de/rache-raechen/
https://karrierebibel.de/volition/
https://www.kathrin-stavenhagen.de/index.php/
blog-news/9-selbstvertrauen-oder-selbstwert-was-denn-nun
https://www.kenn-dein-limit.info/alkohol-kein-problemloeser.
html
https://konflikte-entfalten.de/raus-aus-der-bewer-
tung-rein-ins-glueck-eine-nuetzliche-uebung-aus-dem-ver-
aenderungscoaching-1/
https://www.lebeblog.de/gefuehle-unterdruecken/
https://www.lernen.net/artikel/
selbstwertgefuehl-staerken-6-uebungen-und-6-tricks-2273/
http://lexikon.stangl.eu/3014/aggressivitat/
http://lexikon.stangl.eu/6621/autoaggression/
http://lexikon.stangl.eu/1058/emotion/
https://www.liebe-und-selbstfindung.de/
aggressives-verhalten-wenn-angst-dahintersteckt/
https://www.management-circle.de/blog/interview-robert-ko-
erner-das-geheimnis-um-das-perfekte-pokerface/
https://www.martinaleukert.de/
das-passiert-wenn-sie-ihre-gefuehle-unterdruecken/
http://www.meinthema.com/de/themen_themaId=3
https://www.michaelpage.at/advi-
ce/management-tipps/leadership/
warum-emotionale-intelligenz-im-job-so-wichtig-ist

https://www.mindhelp.de/verdraengte-negative-gefuehle/

https://mymonk.de/einstellung-aendern/

https://www.ots.at/presseaussendung/OTS_20190131_
OTS0027/ausgezeichneter-arbeitgeber-sandoz-ist-top-emp-
loyer-2019-bild

https://www.palverlag.de/kraenkung-verletzung.html

https://www.palverlag.de/lebenshilfe-abc/rache.html

https://www.persoenlichkeits-blog.de/article/111151/
passiv-aggressiv

https://persoenlichkeit-staerken.de/selbstbewusst-
sein/?gclid=EAIaIQobChMIx66UvYLe4AIVBLvtCh10-
9gASEAMYAyAAEgLro_D_BwE

https://portal.hogrefe.com/dorsch/aggressivitaet/

https://www.psychisch-erkrankt.de/agitation/
ursachen-verlauf/depression/

https://www.psychosozialeberatungwien.at/test/selbstliebe/

https://www.psychotipps.com/Aerger.html

https://www.psychotipps.com/gruebeln.html

https://www.psychotipps.com/selbstliebe-lernen.html

http://www.report-psychologie.de/achtsamkeit/
fuenf-elemente-zirkel-der-achtsamkeit-nicht-bewerten/

https://www.rtl.de/cms/egoismus-was-steckt-hinter-der-extre-
men-ich-bezogenheit-4114728.html

https://www.salesjob.de/vertriebnews/vertriebstipps/
koerpersprache-im-verkauf/

https://www.santanderconsumer.at/sites/default/files/docu-
ments/2018-05/pa_santander_top_employer_16_2_2018.
pdf

https://www.scm-haenssler.de/media/import/mediafiles/
PDF/226208000_Leseprobe.pdf

https://schule.bistumlimburg.de/fileadmin/redaktion/Be-
reiche/relpaed-limburg.bistumlimburg.de/downloads/
Don-Bosco/2014/2014-DB-AK-Aggression-Gewalt.pdf

https://www.selbstbewusstsein-staerken.net/selbstliebe/

https://www.spektrum.de/magazin/emotionsregulati-
on-wie-wir-unsere-gefuehle-kontrollieren/1345072

https://www.spektrum.de/lexikon/psychologie/
temperament/15404

http://www.spiegel.de/gesundheit/psychologie/psychothera-
pie-gegen-gruebeln-raus-aus-der-gruebelfalle-a-904224.
html

http://www.spiegel.de/sport/fussball/wm-kopfstoss-materaz-
zi-lueftet-das-zidane-geheimnis-a-435218.html

https://www.steffenkirchner.de/blog/fokussieren-lernen/

https://www.top-employers.com/de/top-employers-weltweit/

https://www.welt.de/gesundheit/psychologie/article13508673/
Aggression-ist-kein-Urtrieb-des-Menschen.html

https://www.welt.de/gesundheit/psychologie/article11327275/
Wann-Rache-eine-richtige-Genugtuung-sein-kann.html

https://www.welt.de/print-welt/article716265/Rache-be-
freit-die-Seele.html

https://www.welt.de/gesundheit/psychologie/artic-
le132259463/Warum-staendige-Selbstkontrolle-impuls-
iver-macht.html

https://www.welt.de/kmpkt/article180888060/Persoenlich-
keit-Wer-leicht-reizbar-ist-ueberschaetzt-die-eigene-Intelli-
genz.html

https://www.welt.de/print-welt/article716265/Rache-be-
freit-die-Seele.html

https://www.welt.de/wissenschaft/article1277717/Wenn-de-
pressive-Maenner-grundlos-ausrasten.html

http://www.werteundeigenschaften.ch/wer-
te-und-eigenschaften/positive-werte/
durchsetzungskraft-durchsetzungsstarke

https://de.wikihow.com/
Wissen,–wann-du-dich-passiv-aggressiv-verhältst

https://de.wikipedia.org/wiki/Aggression

https://de.wikipedia.org/wiki/Impulsivit%C3%A4t

https://de.wikipedia.org/wiki/Kritikkompetenz

https://de.wikipedia.org/wiki/Nächstenliebe

https://de.wikipedia.org/wiki/Selbstliebe

https://www.xing.com/news/klartext/radikale-ehrlich-
keit-macht-kommunikation-klar-und-einfach-2756

https://www.wissenschaft.de/umwelt-natur/
die-grenzen-der-selbstkontrolle/
http://www.zeit.de/karriere/beruf/2016–01/
aggression-job-vorteil-nutzen
https://www.zeit.de/2016/39/
passiv-aggressiv-psychologie-maenner-verhalten-schmollen
https://www.zeit.de/zeit-wissen/2017/03/
emotionen-neurowissenschaft-gehirn-reizbarkeit-neurosen
https://www.zeitzuleben.de/umgang-mit-verbalen-angrif-
fen-bzw-mit-schwierigen-leuten/

Über die Autorin

Mag. Evelyn Summhammer ist Wirtschaftspsychologin, Psychotherapeutin und Autorin. Sie ist Expertin für Persönlichkeitsentwicklung, Kommunikation und Führung. Ihr Fokus liegt auf den von ihr entwickelten Persönlichkeitsdesigns, welche rasch und nachhaltig helfen, kniffelige zwischenmenschliche Situationen zu lenken und Motivationen aufzubauen. Dabei zeigt Evelyn Summhammer, wie scheinbar unveränderliche Situationen in gewinnbringende und nachhaltige Erfolge umgewandelt werden.

Ihre persönliche Geschichte, ihr wissenschaftlicher Hintergrund und das langjährige Erfahrungswissen ermöglichen ihr haarscharfe psychologische Lösungen, die einfach umsetzbar sind und in jeden Alltag passen.

Mit ihren mehrfachen Auszeichnungen hat sie jeweils die Zufriedenheit von Kunden/-innen deutlich übertroffen. Sie versteht es, auf charmante, humorvolle und bodenständige Art und Weise ihr Bild auf den Menschen zu vermitteln

Anmerkungen

1   Psychologie der Aggression S. 22
2   Psychologie der Aggressionen S. 24
3   W. Doyle Gentry »Aggressionen bewältigen für Dummies«
     S. 47 (2014); Copyright Wiley-VCH Verlag GmbH & Co.
     KGaA. Reproduced with permission.
4   Aggressonen für Dummies, S. 41 und 43.
5   Hans-Peter Nolte: »Psychologie der Aggression«, S. 86
6   www.emotion.de/persoenlichkeit/traumata-der-kindheit
     -fuehrt-zu-problemen-als-erwachsener
7   https://karrierebibel.de/rache-raechen
8   Vgl Quelle: Aggressionen für Dummies S. 165
9   Nicht wörtlich zitiert nach einem Interview mit Conny Hüt-
     ter bei einer Veranstaltung zu »Frau in der Wirtschaft« in
     Graz (2018):
10   Bohus, Martin: Wolf-Arehult, Martina: Interaktives Skills-
     training für Borderline-Patienten. 2018